疑是思之始，学之端。

"四案一构"
教学模式

崔巍 编著

正是问题激发我们去学习，
去实践，
去观察。

黑龙江人民出版社

图书在版编目（CIP）数据

"四案一构"教学模式 / 崔巍编著 . -- 哈尔滨：
黑龙江人民出版社 , 2020.6
ISBN 978-7-207-12078-6

Ⅰ . ①四… Ⅱ . ①崔… Ⅲ . ①中学教育－教学模式－
研究 Ⅳ . ① G632.0

中国版本图书馆 CIP 数据核字 (2020) 第 092273 号

责任编辑：姜海霞
封面设计：百悦兰棠
[BAIYUE LANTANG]

"四案一构"教学模式
"SIANYIGOU" JIAOXUE MOSHI

出版发行　黑龙江人民出版社
地　　址　哈尔滨市南岗区宣庆小区 1 号楼
邮　　编　150008
网　　址　www.hljrmcbs.com
电子邮箱　hljrmcbs@yeah.net
印　　刷　北京瑞达方舟印务有限公司
开　　本　880×1230　1/32
印　　张　8.125
字　　数　180 千字
版　　次　2020 年 6 月第 1 版　2020 年 6 月第 1 次印刷
书　　号　ISBN　978-7-207-12078-6
定　　价　32.00 元
版权所有　侵权必究　　举报电话：（0451）82308054
法律顾问：北京市大成律师事务所哈尔滨分所律师赵学利、赵景波

目　录

"四案一构" 教学模式

　　"四案一构" 教学模式，它包含了教学模式的变化、师生关系的变化和课程内容的变化。

　　"四案" 包括预习案、探究案、即时练（训练案）和检测案。"一构" 是构建知识网络图。传统的教学模式是以教师为主体，灌输式、一言堂，学生以认真听讲、记好笔记、知识点，最后能达到会做题的教学模式。"四案一构" 教学模式是教师以问题、任务为引领，为学生搭建、铺设思维台阶，学生通过独立思考、探讨研究、回答问题而学到知识。这样的教学模式，注重学生的学习过程，而非学习结果，以教授知识、培养学生的思维为目标。

　　"四案一构" 教学模式，改变以往学生只是死记硬背知识，使学生对知识活学活用，以提高学生的学习能力为主。人脑是需要不断训练才能增强的，学习能力是需要不断提升的。同时，教育不能只停留在知识的层面，否则学生只是学习的机器。

　　"四案一构" 教学模式的根本理念就是如何在学习的过程中，让学生参与得更多。根据维果斯基的最近发展区理论，教师所设计的各种活动和任务，在已有知识理解能力的基础上是最有效的。教师对课堂的设计，要以学生的学为中心，引领和帮助学生。

　　"四案一构" 教学模式与传统教学模式有所不同，传统的教学是按照课本的顺序进行讲解，而 "四案一构" 教学模式需要对课本进行二次开发，在个人备课和集体备课时，对每节课的重难点，按照由浅入深的顺序进行罗列、梳理，并在学习目标及预习案、探究案、即时练、检测案和知识网络图的构建上精心设计。

传统课堂教学的弊端

在传统的课堂模式中，教师备知识、讲知识、备习题、讲习题，学生听知识、背知识、做习题，知识是老师和学生最终的目标。在课堂上，学生要和懒惰、溜号、打盹儿及跟不上老师思路、遗忘等坏习惯做斗争，学生要做到千般克制。

而老师也很苦恼，苦恼的是为什么讲了多次的知识，有很大一部分学生仍是不会，更苦恼的是有很大一部分同学放弃了学习，自暴自弃。老师天天说服教育，讲人生道理，讲做人道理，讲生活道理，可就是有很多同学选择自动屏蔽。用老师的话讲，就是听不进去，学不进去。

因为人就是想追求快乐，而我们的学习太苦了。古代就有"头悬梁锥刺股""吃得苦中苦，方为人上人""学海无涯苦作舟"等名言警句，使学生觉得学习就是苦的，毫无乐趣所在。现在的孩子，从小就受全家人的宠爱，一听学习这么苦，尝试后也真的好苦，所以就放弃了学习，从而产生学困生。对于学困生来说，在以知识为目标的课堂上，简直是一种折磨，他们听不懂、看不会，纪律也不好，是在老师和同学的歧视中长大的。有些顽皮的学生，成为纪律的隐患、安全的隐患。老师在学校天天得看管这些学生，生怕他们惹出事来，捅出娄子来。而那些优等生呢，学习起早贪黑，他们真的喜欢学习吗？没有几人喜欢，都很痛苦，他们是不得不学，因为有中考高考，不学无法升学。刚考完大学，就有一部分同学撕书卖书。这些厌学的学生，如何能终生学习。最可怕的是有的学霸竟出现抑郁，他们的精神世界出了问题。

中国的家长也很苦，从十月怀胎，到不让孩子输在起跑线上。幼儿园就教小学的知识，钱没少花，辅导班没少上，可怎么有些孩子到初中却厌学了呢！家长感觉每个环节都是尽心尽力呀，家长为了让孩子学习，在家里，孩子不承担任何的劳动，劳动教育早都撇到了脑后，家风家教也撇到了脑后，一切给孩子的学习让路，周末还得陪着孩子奔波在各个辅导班之间。难道教育这么折磨人吗？教育到底应该是什么模样？

教育的本真

一、教育让人生活得更幸福

教育要始终坚持培养完整的人的生活方式，也就是教育要打造人的精神世界，人只靠金钱是无法幸福的，精神世界的丰盈是人类快乐的源泉。

朱永新说，教育要让人更幸福。可是我们传统的教育，却让老师苦恼、学生苦恼、家长苦恼。受过良好教育的人，能够知道自己的优势和不足，对自己有正确的认识，能够很好地接纳自己，能够独处，他们拥有内心的宁静、平和，能静静地观察身边及内心正在发生的事情，能够晓看天色暮看云，能够看庭前花开花落去留无意，观天上云卷云舒，能够品味到生活的乐趣、活着的乐趣。生活中的真善美，感动着他们，感染着他们。他们有对于美和道德的思辨能力，知道自己努力的方向，有自己的信念和追求。

二、教育要打造人的个性

教育能帮助人更好地成长，使人的经历更丰富，精神更丰盈，思想更成熟，眼界更开阔，使人的生活质量不断提升。世界上没有两片相同的叶子，生命的个性化，不仅体现在外貌上，而且体现在性格上、思想里。世界上没有相同的两个人，每个人都有自己的个性特长，有自己独特的审美品位。

教育不能只是比较谁好谁坏，每个人只要成为最好的自己，使自己不断成长，这就是教育最大的功劳。教育者需要认识生命的本真，要了解学习的规律、人脑的特点、个性的不同、能力的差异。只有这样才能有针对性地指导每个学生，包容每一个学生的差异。教师要尊重差异，包容差异，才能真正做到因材施教。

三、教育要让人和谐共生

教育要教会学生的是到社会上用得到的能力，是人与人之间合作、共赢的能力，使学生能与人很好地沟通，听取别人的意见和建议，反思自我，在自己的错误中不断成长，从同伴中学到优点，不断探索人性的优劣。

学生学习也需组建一个团队、一个小组，在小组内部为达成共同目标、共同愿望而调动每一个层次学生的积极性，使他们用协调一致的行动去争取自己团队的利益。团队是合作下的团队，有合作就会有竞争，合作和竞争是共存的，没有竞争调动不了合作。在团队中不论什么层次的学生都有被需要的感觉，个人的成长和成绩都会给团队带来荣誉。在团队中没有歧视，只有被需要，每个人都尽自己最大的努力去完成任务，每名学生都要尽自己的职责。

四、教师如何去教知识

要把知识传授给学生，并不意味着机械地把知识从教师的头脑中转移到学生的头脑中。教师如何去教授知识是课堂教学的关键。

首先要搞清楚知识是我们的目标，还是思维能力是我们的目标。中考、高考在形式上都是以知识的形式出现，所以教师都把知识当成目标去教学。但是知识却是很快过时的，社会在不断发展和进步，知识在不断更新，创新精神在人类前进的脚步中显得越来越重要。

　　教育担负着社会未来发展的重任，所以教师要思考什么才是我们教学的真正目标，未来需要什么，什么就是我们的目标，很显然，未来需要的不仅是知识，还需要有创新精神的思维能力，所以知识传授是教学的手段，思维能力培养才是教育的真正目标。

学习目标的设定

学生首先了解要学习什么？知道关于学习的信息，知道本节课什么是最为重要的。学习目标是以学生的视角来呈现的，还要把学习任务由浅到深分出层次。

一、学习目标是学习的成果，是你期待学生学会什么

对于学习目标的达成，在知识方面不可能只有一两个知识点，会有几个知识点，或几个层面的知识要掌握，而且思维也是由低级走向高级的。一个学习目标可能需要几个实现指标。

下面以外语教学中对一般过去时的掌握为例，来说明学习目标和实现指标。

学习目标为：掌握一般过去时

实现指标为：

1. 掌握含有系动词 be 的一般过去时。

2. 掌握含有实义动词的一般过去时。

3. 掌握实义动词是特殊变化的一般过去式。

4. 能用一般过去时述说过去发生的事情。

5. 能阅读课本中带有一般过去时的语言话题。

6. 用一般过去时写作文。

二、深刻理解学习目标，并解释目标

教师要在开始讲课前，说明本节课的学习目标，并解释目标，以便学生能深刻理解目标是什么，而且要将其写在黑板的左上角，以便学生能时时看到目标，时时对照目标。

三、学习目标和实现指标都是分层次的

学习目标和为达成学习目标而实现的指标都是分层次的。层次都是由浅入深的。无论是学习目标，还是为达成目标而实现的指标，学生都根据自己的层次来掌握，只要能够掌握相应层次的学习目标和实现指标，就是自己最好的成长，这样对不同层次的学生要求也不尽相同。

四、学习目标以任务的形式呈现

教师会以问题或任务的形式将学习目标布置给学生。学生在回答问题或完成任务时要关注自己达没达成学习目标，在每一个课堂环节后，学生都要紧扣学习目标，学习目标就是学生学习的航向标。

五、学习目标的表述要详尽具体

在设定学习目标时不要太概括，笼统和概括都会让学生没有概念或概念不够清晰，从而无从下手，学习目标要非常明确。

例如，学习目标：提高学生记叙文的写作水平。

这样的学习目标就太过宽泛了。

例如，学习目标：画出和蔼可亲的圣诞老人。

不如，学习目标：画出眼睛明亮、微笑、留着长胡子的圣诞老人。

学习目标越具体、越明朗越好，这样便于学生能够明确自己到底要做什么，怎样做能够达到效果。这样也是在铺设小的台阶，更加关注学生的学习过程，体现了教师把学生的学放在了首位。

六、在实现指标中，也可以阐述学习方法及策略

学习目标是学生所要学会的。而实现的指标是多种多样的，其中可以是学习策略及方法。教师如果在教学中针对不同的知识，能及时指导学生用不同的方法进行学习，是对学生最深切的关怀和最到位的指导。尤其是那些学困生，当教师蹲下身去关注他们的学习过程时，会发现他们在学同样一个知识时，要比优等生慢很多。

七、学习目标的设定要多样化

学习目标的设定不仅仅是展现学生将要学到的知识，还有技能。

例如，在语文课上的学习目标可以设定为：让学生学会用排比句描绘放学时的心情。

例如，在数学课上的学习目标可以设定为：用分数来进行计算。

例如，在化学课上的学习目标可以设定为：二氧化碳的制取。

八、在每一章节的学习中，都会包含不同的学习目标，教师由浅入深的设计分别是记住事实、发展技能、形成意识、深化理解

传统的课堂模式中，教师往往在记住知识、发展技能上下了很大的功夫，但在形成意识和深化理解上重视不够。

九、 学习目标的设定，使学生在课堂上和复习中，能时时紧扣目标，不致使知识杂乱无章，便于学生梳理知识

知识也像家里的物品一样，需要归类摆放。相关的知识放在一起，形成网络，便于学生的使用。

以往的课堂没有将学习目标设定呈现出来，学生在不知情的情况下听课是非常被动的。我们都知道学生的年龄特点是不可能在四十五分钟内都保持全神贯注。在这样的情况下，学生就不会有选择性地去听，不知道重点听什么，主动要去听什么。

对于那些学困生来说，如果没有明确本节课所学内容的层次，他们很难掌握应学的内容。

十、在确定学习目标的同时，要列出实现指标

学习目标是学习的成果，实现指标是在达成学习目标的过程中所要完成的任务。实现指标要比学习目标更细致。

十一、学习目标和实现指标是从不同角度去阐述学习者要掌握的知识、技能和理解能力

例如，学习目标：我们要掌握什么是平行四边形。

实现指标：我们能够识别出平行四边形。

例如，学习目标：我们要掌握描写人物外貌的英文单词。

实现指标：我们能够用描述外貌的英文单词来描述人物。

例如，学习目标：我们学习辛亥革命。

实现指标：我希望你们能够考虑用正反两方面的观点，来看待辛亥革命。

十二、学习目标的设计有时是较为宽泛的，而实现指标会更加具体和明确

例如，学习目标：我们学习记叙文的写作特点。

实现指标：文章中体现了记叙文的哪些特点？

例如，学习目标：我们学习串联和并联。

实现指标：我们希望用串联和并联，让这些灯亮起来。

在实现指标中更体现了用所学的知识能够做的事情。

十三、学习目标和实现指标不能是对结果的简单宽泛描写，要更加具体明朗

例如，学习目标：用英文写一个通知。

实现指标：

1. 有时间；

2. 有人物；

3. 有地点；

4. 语法正确；

5. 语言精练；

6. 有署名。

十四、不同的学习内容决定了实现指标的不同，有的强调过程，有的强调结果，要注意实现指标的设计策略

例如，学习目标：用英文表达如何做奶昔。

实现指标：

1. 学会英文中水果及一些做奶昔所用的动词及动词词组的表达。

2. 掌握做奶昔的步骤。

3. 能用英文简单表达如何做奶昔。

十五、在数理化这些理科科目中，教师可以用列步骤或清单的方式，来表述实现指标

教师可以在上课前给出学习目标，实现指标可以在学生完成相关问题时，用总结的步骤来呈现。

例如，学习目标：我们将学习计算不同三角形的面积。

实现指标：

1. 测量底边和高。

2. 用底边乘以高除以 2。

3. 以平方为单位。

通过这个例子，我们可以看出数学中以公式求值的内容，都可以把做题的步骤作为实现指标。

当学生对实现指标进行一一罗列时，就可以对完成这一学习目标所涉及的细节进行梳理，便于学生掌握细节和步骤。

十六、教师要在实现指标时，提供更细致的帮助，来缩短学生现有水平与成功掌握的差距

例如，在美术课上学习目标是：画一只小老鼠。

实现指标：

1. 身体要小巧。

2. 耳朵要大而肥。

3. 眼睛要机灵，尾巴要细长。

学生画完后，小组内部传看，互相欣赏。教师到小组中去，到每个同学中去，指导学生如何对照指标，看有没有实现指标，如果哪条指标没有实现就重新再画。

十七、学习目标和实现指标中要设计考查学生应理解的内容

传统的课堂多数强调的是知识，不同学生对构建同一个知识，以及对同一个知识的理解是不同的。因为每个学生的原有知识不同。以往老师更多关注知识的掌握，其实对知识的理解更为重要，因为只有对知识充分理解了才能去做事情，才能有所迁移，有所创新。

十八、学生为实现学习目标而实现的指标，是通过设计问题、任务和活动达成的

这需要根据学生对所掌握知识的理解来锻炼学生的思维。

传统教学中要求学生更偏重于对知识的掌握。

例如，学习目标：教师要求学生掌握第二次世界大战爆发的

导火索和原因。

如果教师更强调对知识的理解，学习目标便应为：

1.探索战争爆发的不同原因（可以让学生去书中寻找）。

2.对是否要谴责日本人进行辩论。

十九、为考查学生的理解程度，实现指标可以是学生在体验、查找、阅读后所做的手抄报或海报，以此来检查学生对知识的理解和应用。这比背诵和记住一些知识要有用得多

例如，学生在阅读完一篇小说后，根据自己的理解做手抄报。

学习目标：第二次世界大战爆发的原因。

任务是：让学生自行查询材料。

实现指标：

1.学生要用到课本上学到的知识。

2.要对所学的知识进行梳理，要了解国内外的历史背景。

3.学生要在网上和书中查询材料。

4.要形成自己的观点，让所有人参与。

二十、学习目标和实现指标由师生分别完成

老师制定学习目标，实现指标可以让学生完成，这样学生就可归纳总结本节课的知识，为构建知识网络图做好铺垫。

二十一、展示学生作品，培养学生的进步意识

要把学生的作品、文章、手抄报等拿到实物展台上去展示，让学生们去讨论优缺点，以培养他们的进步意识。或利用板报展示学生的优秀作品，让学生知道好的是什么样子的。

二十二、让学生通过制作知识网络图紧扣学习目标和实现指标

每一章节学完后，让学生通过制作知识网络图来紧扣学习目标和实现指标。 知识网络图中的每个知识点、知识串儿以及网状的知识都要紧扣前面的目标，这对加深学生的理解是非常有益的。

预习案的编制原则

一、预习案是为了让学生把握住重难点

学生如果没有预习案作为索引，很难把握住重难点。重难点是以填空的形式呈现的，不需要太细太难，但要全面。学生通过预习，就能大致领略下节课的主要内容。突破重难点，掌握重难点，是对每一层次学生的要求。

二、预习案要按照课本前后顺序进行编写

预习案的编写，不能前后顺序颠倒。学生按课本前后顺序进行阅读，而且是带着预习案中的问题进行阅读。如果问题不按前后顺序，就会打乱学生的思维。前后顺序就是思维的脉络、思维的逻辑。而知识由浅入深、逻辑由低到高有利于知识在头脑中归位。

三、预习案中的重难点，只要点到，不求深入

重难点只要粗略地感知就可以，不求深入掌握。学生通过预习，也很难钻研太深，因为学生的学习能力、原有基础是不同的。尤其是学困生，不要在开始的学习中，就摧毁他们的信心。

四、预习案对重难点要全面呈现

重难点要全面呈现，目的是让学生通过预习粗略知道下节课要学习的内容，为听好课做好铺垫。只有全面呈现才能完整，不能让学生觉得孰重孰轻，所以预习案要涵盖下节课的所有重难点。展现的这些知识点是最需要学生突破的，哪怕是学困生。

五、预习案锻炼了学生的阅读能力

每一次的考后分析会，教师都会反映学生读不明白题，或理解文字的意思有偏差，不肯读下去。这说明学生能潜下心去读一段文字的能力都很弱，说明学生未经训练过，预习案就是最好的阅读训练方法，不仅要读，而且是带着问题去读，带着目标去读。在边读边思考中搭建从文字到知识的思维平台，锻炼学生读的能力，锻炼学生边读边思考的能力。

六、通过预习案锻炼学生自主学习的能力

教师所有的教学活动，目标其实只有一个，就是锻炼学生的自主学习能力。每一个人都要终生学习，因为时代在进步、在发展，一个人只有有自主学习能力，才能够进行终生学习。

预习案通过教师设计填空题或简单问题，学生据此进行课本阅读，把整个下节课要讲的内容在头脑中进行简单构建，形成简单知识脉络，再和课后的复习及建构知识网络图一起锻炼学生的自主学习能力。

七、通过编制预习案，可以提高学生的听课效率

预习案是按本节课的学习目标和实现指标，以及重难点编写的。学生通过课前对书的阅读及填写预习案，在脑海中对要讲的知识有了最基本的认识，而且知道什么知识弄会了，什么知识还没弄太明白。这就帮助学生确立了动机。加涅说，理想的动机只有通过学生自己的体会才能形成，预习就是先让学生达到某种目标，形成某种动机。形成动机或期望，是整个学习过程的预备阶段。

在课堂上，学生着重学习没弄明白的地方，有的放矢，提高了学生学习效率。带着问题去学，学生就会用心，能悟得进去。其实，学生学习的过程就应该是问题一个个解决的过程。这样就扭转了学生在传统课堂中的被动学习，学生能够主动学习是我们教育工作者培养学生的目标之一。

探究案的编制原则

　　探究案是教师对教材进行二次开发最重要的环节，也是教师最难的环节，传统的课堂教学是以知识为目标，而"四案一构"教学模式是以问题为引领，目的是不仅掌握知识，最主要的是让学生在掌握知识的同时，能进入深度理解的状态，注重知识的来源过程，通过引导学生知道、了解，思考知识的来源过程。

　　布鲁纳认为，在教学过程中，学生是一个积极的探究者，教师的作用是要营造一种学生能够独立探究的情境，让学生自己去思考，参与知识的获得过程，而不是提供现成的知识。张建伟、孙彦青认为，建构主义学习理论即以问题的形式呈现给学生，在问题中蕴含所要学习的概念和原理，通过问题的解决，来建构起对概念原理的理解。

　　教师把知识以问题的形式呈现，引发学生思考，通过回答问题来得到知识。同时教师能通过和学生之间的问答，来关注学生的思维，通过几个问题，来引领思维。教师通过问题搭建思维台阶，把学生的思维由低阶引入高阶。以前教师的提问多数是考查知识的，考查学生是否记住了知识。其实，恰当的问题更能激发学生更好的思考。鼓励学生积极进行讨论，从而促进学生学习。所以说探究案的关键就是提出恰当的问题。

一、不要只提记忆性的问题，要提能引发学生深层思考的问题

传统的课堂模式中提的问题多数是知识性的问题，这样的问题不是好问题。好的问题应该是学生根据自己原有的知识和对新知识的理解通过自己的思考来提升理解能力的问题。

例如，若提什么是平行四边形。

就不如提：下面这些图形，哪些是平行四边形？

什么是平行四边形这个问题是考查平行四边形的定义。而下面这些图形哪些是平行四边形是用平行四边形的定义去做判断，有一个知识迁移的过程，是考查学生对平行四边形的应用。

二、更好的问题有时需要学生的解释、说明或证明一个观点

教师所提的问题是需要学生阐述自己观点的，但这种观点能否站住脚，则需要学生运用已学过的知识来进行说明。

例如，教师会有这样的逻辑：

1. 你是怎么考虑的？

2. 你为什么这么考虑？

3. 你的依据在哪里？

三、教师所提的更好的问题，是学生通过几个层面问题的回答才能最终回答上的问题

记忆性的问题，不是好问题，但它可以作为更好的问题的一个基础、一个步骤或一个环节。

例如，桂花能在东北生长吗？

这个问题就涵盖了以下几个问题：

1. 桂花有什么样的生活习性？

2. 东北的气候有什么样的特点？

3. 东北的土壤有什么样的特点？适合桂花生长吗？

四、 教师提出的问题可以有不同的答案，每个人都可以有自己不同的观点

更好的问题有一个明显的特点，就是它是开放式的，不同学生可能有不同的看法。从这样的问题回答里可以看到不同学生的不同理解。

例如，不要问祥林嫂的性格特点是什么。

而应该问：鲁迅用怎样的语言来描述祥林嫂的性格？

例如，不要问用英语表达问路的句式是什么。

而要问：如何用英语表达问路？

五、不要简单问：这个是……而要问：这个为什么是……

如果只问"8 是偶数吗？"学生只要回答"是"或"不是"就可以了。

而应该问："8 为什么是偶数？"这需要既了解什么是偶数，又要用偶数的定义对"8"进行判断。

例如，不要问：这个句子是宾语从句吗？

而要问：为什么这个句子是宾语从句？

这就需要既了解宾语从句的特点，还要用这一特点对句子进行衡量。

六、所提的问题可以设计成让学生进行判断的问题

通过进行对错的判断，来考查学生对问题的思考。

例如，不要问什么是串联电路。

而要问：这是一个串联电路对吗？为什么？

七、可以提比较、对比的问题，来引发学生的思考

可以通过比较来掌握知识，调动学生的想象力。有时问题要更细致，回答也要更具体。

例如，不要问亚热带的气候特点是什么。

而要问：有什么特点的植物能在亚热带生活？

例如，不要问：日本侵略东北时，人们的生活是什么样子？

而要问：如果你生活在抗战时期的东北，你的生活会是什么样子？

八、和问题的结论相比，教师所提问题应该更关注它的过程，更关注是如何找出结论的

教师要引导学生如何去找到答案，要更关注路径。

例如，不要问 20 的 1/4 是多少。

而要问：你是如何计算 20 的 1/4 是多少的？

例如，不要问什么是健康的饮食。

而要问：我们在一天三餐中如何搭配才能做到健康饮食？

例如，不要问：×××是你的好朋友吗？

而要问：如何判断 ××× 是你的好朋友？

所有的这些例子都说明，我们想得出一个结论，就应该从事物的细微处着手来证明。

九、教师要提一些探究类的问题

教师在课堂上，要提和重难点相关的问题。比如，学生用英文或汉语写一篇作文，写完后和同桌之间互相批改，这样可以从别人的作文中找出优点和不足。而且两个人在相互交流时还会给对方提一些意见和建议。通过这种方式，同学间可以相互学习。教师也可以找出优秀的作文，用实物展台展出，让全班同学学习。

教师在学生解决问题的过程中，要仔细观察学生在哪个概念上认识模糊或有错误理解，并及时给予指导。同时，探究类问题学生很难能一步到位抓住问题的关键，这就要求教师根据学生的思维水平，进行进一步追问，引导学生一步步掌握解题思路。

十、教师所提出的问题分为两种情况

第一种情况是事先准备好的问题，而且问题是分层次的，问题的层次和学习目标的层次以及学生的层次是相对应的。学生通过讨论每个知识点以及对知识点的理解，来完成问题。

第二种情况是教师根据课堂上学生对问题的回答，对学生的思维进行判断。根据判断再次提出问题，从而把学生的思维引导到更高的层次，更接近正确答案。

十一、教师提出问题后，学生首先要经过独立思考，再在小组中进行交流。交流的方式是以对话的形式进行

采用对话方式的好处是通过交流彼此的想法，能把每个人知

道的部分答案合起来，成为完整答案，而且通过了解别人的思考方式，能够取长补短。

十二、教师在课堂上要充当一个倾听者

传统的教学课堂上老师讲的多，学生主要是倾听者，这样就很难了解每个学生对知识的掌握、对知识的理解和思维所达到的水平。

但在"四案一构"的课堂模式中，教师通过提出问题，学生回答，教师认真倾听后进行再次引导，从而可以完全了解和掌握学生的理解程度。教师是为了理解而倾听，不要为了回答而倾听。

十三、在"四案一构"教学模式的课堂上，采取的是以个人独立思考、小组合作探究、全班进行分享的学习模式

老师提出问题后，先是个人独立思考，形成个人想法，然后小组讨论，说出想法，互相补充，达成共识，最后在全班同学中阐述自己组的观点。在分享观点的过程中，其他组有不同的想法，可以进行补充，观点不断被完善，最后达到完美。

十四、教师会发现不同层次的学生，在消化同一节课的内容时出现不同的速度

学生是 A、B、C 三个层次。探究案是由浅入深的层次安排，当 C 层掌握住基本的重难点后，再让他们继续学下去，弄明白更难的知识可能会很困难，可以让他们从继续学习中停下来，去动笔做刚才讲过的习题，因为他们只掌握到这个层面就可以了。

为了检查 C 层同学的掌握情况，可以让 C 层同学给 A 层或 B 层同学讲解。因为一个班级一般有八个或九个组，一共有十八个

左右的 C 层同学，这么大的量，老师一人去检查和辅导难度很大。当 C 层同学对知识的掌握有问题时，同组的 A 层和 B 层会给他们讲解，直至给他们讲会。

十五、对于优等生要在探究案中准备出让他们在知识理解和思维能力都有所提高的问题

为了稳妥，在传统课堂上教师一般以中等学生为标准开展教学，但这种做法会出现学困生学不会、优等生吃不饱的现象。

在学习目标的设定和问题的设计方面，要把优等生的拔高问题考虑进去。他们由于学习自觉，学习能力较强，往往是老师忽视的那群孩子。所以，优等生的提高要装进教师的心里。

十六、学生在回答问题时不需要举手

在传统课堂上，发言要先举手，在"四案一构"的课堂上，每个学生都不需要举手，同时每个同学也必须准备发言，无论说多少，都要做说的准备，教师可以随时提问。

当其他同学分享成果时，同学们都要认真倾听，准备随时进行补充。整个班级要营造一种积极发表观点的氛围，学生能争先恐后地进行回答。教师要实时给予口头的鼓励和表扬，同时也要进行点拨。最主要的手段是通过小组加分进行评价，要把评价表展现在黑板上，每组的分数全班同学都能看得到。

十七、教师除以问题为引领外，还可以设计一些任务或者活动，（下面的活动尤其适合语言类的学习）

教师通过设计任务或者活动，让每一个人都承担任务，这样能使学生对学习负起应有的责任。

1. 扔线团———同学们可以围成圈，手拿线团的同学提出问题，得到线团的同学进行回答，然后以此类推。这个活动可以用在语言类课堂，也可以用此方法说出自己的学习感受。

2. 扔纸团———在纸团上写上你的问题，然后随意扔出去，捡到的同学进行回答。

3. 传话———学生站成一排，最前面的同学看文本，然后一一往后传，直到最后一名同学，用这种方式可以锻炼学生用英语表达的能力。

4. 两个同学组成一组，教师给出一个材料的两种形式，一个是材料的原版，另一个是不完整的材料。一个人跑去看给出的原版材料，然后再跑回来，告诉另一位所缺的是什么？看哪个组更快完成任务。

5. 给出话题和任务，让学生谈自己的想法。这就是头脑风暴。小组成员每人谈一个想法，最后汇集起来。

6. 给出两幅相类似的画，一个人先说出图中所画的所有东西，另一个人在自己的图上进行对照，找出自己的图中哪些是相同的，哪些是不同的，锻炼学生用英语表达的能力。

7. 老师读一个材料，根据读的内容，学生把它画出来，这样能锻炼学生的听力。

8. 同学站成两个圈，里面一圈，外面一圈，里圈的同学给出连词，外圈的同学给出句子，里圈的同学再用这个句子加上连词造一个句子。

9. 学生排成几列纵队，老师给出纸条，上面写的可以是单词，也可以是句子，最前面的同学看完纸条后告诉他后面的同学纸条上写的是什么，再一一往后传，最后的那名同学在黑板上写出这些单词或句子。

10. 把单词和英文解释分别写在小卡片上，发给学生，让他们找出单词的相应解释。

11. 老师说出观点或结论，同意的站一排，不同意的站一排，并阐述自己的观点和理由。

12. 老师讲故事中的一部分，结尾让同学去联想，学生可以口述，也可以小组进行表演。

这些活动在老师备课时就要设计出来，活动既不失趣味性，又可使学生消化知识，还能考查学生对知识的理解和应用。

十八、在教学中设计的问题和活动需要老师的讲解

要把对知识的讲解和学生的探索活动结合起来，以学生构建知识为基础，教师来引导，最后提炼总结。教师的总结或学生的总结是非常有必要的，这样能够补充以问题为引领的课堂教学的短板。每节课除老师的总结外，还要留五分钟让学生对本节课进行总结，课后还要让学生建构知识网络图。这一系列的课上课下安排，是根据科学的学习论来进行设计的。

即时练的编制原则

在每个探究点的下面，马上编写出有关探究点知识的即时练，即时练的编写要紧扣探究点、学习目标，以及实现指标。

在传统课堂，教师在授课时，会认为自己对于知识已经进行了详尽的讲解，学生应该会应用，习题一般作为作业留给学生回家去完成。但通过小考和作业的反馈发现，学生虽然掌握了知识点，但由于对知识的遗忘或者理解不深，导致做题效果不好。这是由于教师虽然讲了知识，但没有做从知识点到做题的引领迁移，学生不会应用知识。这样在探究点后，马上进行即时练就显得非常必要。即时练的编写要掌握以下几个原则：

一、及时原则

即时练放在探究点的后面，探究什么就练习什么，而且要紧紧围绕学习目标和实现指标。这样的安排能使实现指标分步实现，并且立刻消化探究点所针对的知识。这种即时性能使学生集中突破探究点所涵盖的知识，同时对学生深入理解知识有非常大的好处。

编制的习题要体现重点，突破难点，难易适中，讲完就练，使学生对知识模糊理解，在做习题时豁然开朗。

二、层次性原则

整个探究案的设计是分层次的，本着由浅入深的原则，大致分为 C、B、A 三个层次，便于不同层次的学生分别掌握。同时在探究案后，进行的每个即时练，依然要分 C、B、A 三个层次。也就是在掌握同一知识点时，对不同层次的同学要求掌握的程度也不尽相同，所以前面的题要简单，更直接地体现单一知识点，逐渐对题的设计要多角度，要锻炼学生的高级思维，学生通过深入思考，或多个知识的运用，才能得到正确答案。

三、针对性原则

即时练的针对性极强，是直接练习探究案中的知识点，所以在编写时要搜集关于该知识点的多角度的习题。这样就需要深思熟虑，要对有关知识点的习题进行汇总，重难点要突出，要挖掘教材，要对知识进行宽度和深度的扩展。

构建知识网络图

在 20 世纪 60 年代，美国的 Tony Buzan 就提出了思维地图的方法，帮助学生用图像和关键词来整理知识，这是构建知识的好办法。通过这种方法学生在参与建立知识体系的过程中，可以试着按自己的思维去分类并构建知识。

布鲁纳认为，在学习的过程中，提取信息是最为关键的，而提取信息最为关键的在于组织信息，知道信息储存在哪里，并且知道怎样能提取信息。由于学生要亲自发现、组织、梳理、归类，这样对学生提取信息有很大影响，记忆效果很好。这也是认知结构重组的过程，它体现了学习者是怎样组织知识和如何进行思维的。研究表明，点状知识最容易忘记，网状知识最不容易忘记。基于这样的理论基础，在每章节学习后，必留的一个作业，就是让学生对整个章节，画一个思维导图。下面说一下画思维导图的原则。

一、把核心知识及对其的理解和思考放在核心，把所有知识进行分类，按照不同方面进行梳理。

二、核心的外围体现了核心的几个方面，越往外分支，知识和理解会越细致。

三、思路要清晰，语言要精练，要采用关键词的方式。

四、要用连线箭头表达各部分之间的思维联系。各部分是联系的，同时各部分都要反映这一章节的核心。

五、学生最初画知识网络图时，更加注重形式，而越到高年级，学生的知识网络图系统性越强。

六、构建知识网络图也是为了学生能更好地消化理解知识。

研究表明，学习过程是学生接受刺激后，所学知识一部分进入短暂储存，成为短时记忆，而另一部分随即消失。短时记忆是暂时储存在人脑中的，如果想把它记住，就需要经过编码过程。经过这一过程后就会转化为长时记忆。在编码的过程中对知识进行分类，有助于信息的保存。

研究表明，让学生在学习一个章节后进行知识网络构建，是进一步消化知识的好办法。

教师进行科学的反馈和评价

教师的职责不仅是进行个人备课、集体备课和上课，还有一个很重要的职责就是和学生建立关系，在这个过程中教师针对学生的学习态度、学习程度和思维程度等给予反馈、评价以及指导。这对学生进一步的学习是至关重要的。

在没有教师反馈、评价、指导的学习中，学生的学习会显得孤立无援。学生年龄小，自觉性不强，如何引导学生由现在的学习状态向教师既定目标发展，教师对学生学习的关注以及反馈、评价起了重要的作用。

一、在对学生进行评价时，不要有居高临下的感觉，要设身处地地考虑这个学习任务对学生意味着什么

教师在学生进行讨论和思考时，可以参与到他们的讨论中，并关注他们的学习情况。

例如：你对这个问题是怎么想的？

这本书你喜欢哪个人物？为什么？

你在复述英语课文时用什么方法？

你的参与会让学生倍感亲切，从而使他们愿意和老师交流自己的感受，愿意说出自己的困难。这是教师对学生学习最好的关注，也是最亲切的反馈及评价。

有很多教师课堂上根本不关注学生的学习程度，只是自己讲完知识而已，可是接下来看学生的作业时，老师会感到苦不堪言。所以，在课堂上，教师在学生发言和讨论时，要给予关注，并及时反馈和评价。

二、教师要承认差异，因材施教，分层教学

在教师的心里，只要承认学生的差异，认同学生的差异和层次，教师就会变得平和，否则教师总想让所有学生都达到一个标准，那是不现实，也是不可能的。我们常常听到老师在办公室里抱怨学生的不好，其实那没有用，只能平添我们的烦恼。

教师要学会用评价去引领学生，就是要承认学生本来的样子。学生只要在他们本来样子的基础上有所进步，我们就应该去表扬他们。

例如：一个顽皮的男孩，突然有一天安静了许多。和一个本来就很安静的女孩相比，我们表扬哪一个？

当然要表扬那个顽皮的男孩，因为这正是我们要引导他向好的方向发展的一个好契机。我们不可能通过一次表扬，就把顽皮的男孩变成安静的男孩，但却可以让他知道他的努力方向。可以通过数次的引领，使他改正他的缺点。

例如：那个安静的女孩，在不害羞，大胆参与到小组讨论中，并能积极举手发言时，我们就应该表扬她的勇气，使她能树立信心，挑战自我。

教育是一种等待，心急不得，花总会有开的时候。教育是一棵树摇动另一棵树，是一片云推动另一片云，是一个灵魂感染另一个灵魂。

三、学生在学习和成长过程中会遇到很多困难和挫折，教师要时时鼓励

教师在学生的成长中，如同拉拉队队长，是一个引领者，同时更是一个喊号者。

例如：在学困生能从记住五个单词到记住十个单词，或当他们从不会读单词到能开口读时，教师都要时时给予鼓励。这种鼓励能让他们继续下去，因为在学习的过程中，他们会遇到很多困难。

例如：最近你们思考的更多了。

你爱动笔了。

最近你更愿意倾听了。

你的知识网络图画的思路更对了。

四、和学生多谈心，更多地了解他们的想法。老师要想走进学生的心里，这是非常好的方法

教师要了解学生的真实感受，这种感受可能是不满、抱怨、无助，乃至放弃。但学生只要和你说，这就说明他和你的关系很近，你是他可以信赖的人，这一点是非常难得的，这时的你就可以进行引导。开始时不要马上站到他的对立面去指责他，而要对他说如果你遇到这种情况，也会像他一样，先拉近你和他的距离，否则他下次就不会跟你说出自己真实的想法了。然后再去慢慢引导他从负面情绪中走出来，教会他正确的思维和处理事情的态度，使他做一个积极的人。

俞敏洪说，教师最要教给学生的，就是一个正确的思维方式。

若要改变他们的思维，把他们的思维引领到一个正确的轨道上，首先要做的就是接受和尊重他们的感受、情绪和思维。

五、教师的表扬不能过多或虚假

不恰当的表扬或过多的表扬让人感到反感。不要把学生当智障者，他们什么都懂，教师的表扬不能成为忽悠学生的手段。最主要的是过度的表扬会使学生形成不正确的价值判断。教师的反馈评价就像风向标一样引领着学生，是一个评判的标准。教师要帮助学生形成自我评估标准。

六、教师就是学生的人生导师，你的建议对他很重要

给学生提建议时，要从你的角度出发，肯定学生的进步，以及他们的努力付出，让学生觉得温暖，这样他们会进一步努力，会投入更多的思考和力量。

例如：我喜欢你写的英文。

我喜欢你上课能积极主动思考的劲头。

你在小组中负责收历史作业很积极。

你的地理识图能力很强。

我很喜欢你对待同学的真诚。

我喜欢你说话的方式，如果在帮助同学方面更主动些就会更好了。

七、教师的反馈和评价要细致，不要说太过概括的语言

例如：你的字写得不好。

不如：你的字写得工整些就会更好了。

例如：你的计算太不准确了。

不如：你如果能在演草纸上一步步地算，养成习惯，算得就会很准确了。

八、教师应多用细致的描述性的语言进行反馈，也可以用表达你的感受、期待等富有感情色彩的语言，减少评判，而且要进行细节指导

九、教师在反思会上，应多用欣赏的眼光去看学生，少一些冷眼旁观

教师永远要把自己放在学生中，而且和学生的相处要投入感情，要学会用欣赏的眼光去对待学生。教师要牢记学生是成长中的人，他们的发展未可限量，所以与他们相处要表达你的感同身受。

例如：我很欣赏你的坚持不懈。

我喜欢你不怕困难、勇往直前的精神。

很高兴你对这篇文章还记忆犹新。

十、教师不要羞辱学生，尤其是在全班同学面前批评学生。这不是一种好的教育手段

有的教师对学生直言不讳，毫无顾忌，直指学生痛点，这样做风险很大，那些顽皮的孩子很可能和你对着干，或破罐子破摔，最后老师会毫无办法。

十一、要引导学生做出自我评价

我们通过问题及措施改正本和反思会，锻炼学生进行自我评价，以及对小组成员进行正确评价的能力，逐渐形成他们正确的价值观。

学生对自己和别人正确评价时，锻炼了他们的评价技巧和评价能力，对是与非、优与劣，都会有清晰的认识，慢慢便会形成他们做事的准则。

学生和学生之间的评价更能引起学生的高度重视，从而形成好的班风和学风。

例如：你的作业写得很整洁，我能看出你做作业的态度，但正确率你觉得怎么样？如果在这方面再努力一下，你就会更好了。

十二、不要对学生做毫无意义的指责，应该告诉他们如何做是对的

教师经常做的就是讲大道理，大道理讲多了，学生可能比你讲得都要好，或者摆出一副高高在上的架势来发号施令，这些都会让学生反感。

例如：大家坐好，认真听讲。

大家都站直，站成一条线。

你没觉得你这么做不对吗？

老师都讲多少遍了，你怎么还不会。

看你们作业写得那么乱。

这些评价都是无效评价，在学生那里他知道这么做不好，但不知道如何做才是好的，这些评价更多的是老师的抱怨，是老师出气的渠道，对学生的进步毫无益处，还可能弄僵你和学生之间的关系。

十三、不要批评指责，应该告诉学生正确的做法是什么，如何改进和提高

评价的目的是促使学生对自己的学习和行为进一步思考，是他下一步的努力方向。我们很提倡对学生的作业进行面批面改，不仅要批对与错，老师还要给予细致的指导，指出他错误的原因，并告诉他如何加以改进。

十四、不要表扬学生聪明，这种表扬会让他觉得他天生就如何，当遇到挫折时反而会很脆弱。要表扬他们所付出的努力、奋斗、策略、思考、用心、技巧等

这种表扬和认可让学生知道自己只有通过努力才能得到，而不是靠上天给的资质。

例如：你能坚持在单词没忘时反复复习单词，这种方法很好。

你能坚持使用错题本改正错题，这方法很管用。

十五、老师的评价能给学生指明如何改进

老师在评价时，一般用到三个层次。

第一个层次是：做得好的地方。

第二个层次是：需要改进的地方。

第三个层次是：指出如何改进。

例如：你这篇英文作文，把要求的信息都写进去了，但你要注意连接词。

例如：上句和下句之间是什么关系，我们应该用哪个连接词？

教师要一一指出学生的优点和不足而且明确指出如何做才能提高，具体指出改进的策略。这些都要求教师要研究教育、研究教学、研究学习。

十六、教师要根据本节课的学习目标和实现指标进行反馈

在整节课中，教师心里要紧紧扣住学习目标和实现指标，这是他要引领学生学会的知识、技能以及思维方式。而且要根据探究案的问题层次进行。所有的评价都为学习目标服务，所有的反馈都为学生达成学习目标服务。而且要做好分层，每一层次的学生都要根据最近发展区理论学会跳一跳就够得到的知识。在这种情况下，老师对每个层次学生的技能指导和反馈就显得特别重要，这是学生学下去的勇气。

十七、面对放弃学习的学困生来说，给他们设定具体的任务更重要

由于学困生原有基础差，而且懒惰，没有恒心和毅力，这样就需要更基础的知识让他们去一点点地完成。要放低对他们的要求，不怕他们学得慢，只要不放弃，就会有成效。

例如：你们只背下这 10 个单词，就可以了。

阅读这篇文章只回答前两题就可以。

你们只做作业中的前三道题。

通过降低对他们的要求这种方式，帮他们树立信心，克服困难。这有助于他们持之以恒地学习。

十八、教师在进行面批面改时，要指出两三个优点和一个改进的地方，并给出明确的改进办法

指出两三个优点是对学生做得好的地方给予肯定，让他们继续发扬光大。

指出不足，是让学生逐渐改正不足。如果不足太多，就不易马上改正，需一点点进行改正。

教师给出具体的做法，目的是让学生知道他该做什么、怎么做。只有这样，才能真正起到用评价促进学生的学习。

十九、在面对面和学生谈作业时，不要用一个标准去要求所有学生

因为学生的层次不同，不可能用一个标准去要求所有学生。最主要的是看他们的进步情况，以使他们树立信心，克服困难。

衡量作业的标准一定要围绕学习目标和实现指标，学习目标和实现指标是分层次的，学生也是分层次的，每个层次的学生完成本层次应该掌握的学习目标即可。教师要从作业的质量和正确率上指出和上次比有怎样的进步，也可以用红笔在学生做得好的地方画线。

二十、如果教师感觉到批改作业量很大时，可以采取抽查的方式

教师不要只批改学生的对错，这样的批改不能促进他们的进步，教师采取抽查的方式，会使教师批改作业的量减少，这样就

可以把精力放在给学生写改进措施上。学生会看到老师的思考和用心，可以看到老师对自己的关心，从而使他们能真正反思自己的作业，这样的反馈会更有效。

例如：教师在批改作文时应告诉学生，要注意句子和句子之间的逻辑应该是层层递进的关系，景物的描写给人物的心情做了哪些铺垫。

建议要细致，要从学生的理解能力以及他的逻辑出发，一点点指出他能做得到的改进。如果不根据他的原有水平，会使学生因难以做到而放弃。

二十一、不同层次的学生需要给予的指导程度也不尽相同，对于优等生老师的几句点拨就会起到很好的作用，但对于学困生就需要更加细致

例如：在学生背单词这件事上。

给优等生的指导：动笔写，边写边读，然后在头脑中联想表示单词意思的物品或动作。

给学困生的指导：在教每个单词时，都要告诉学生联想什么，如何去联想。

优等生能力较强，教师的指导不用过细，只需点拨学生就会做得很好。而对学困生如果说得过于宽泛，他们就会做不来，从而放弃。

二十二、教师可以在实物展台上向全班同学展出优秀学生的作业，以便让大家知道什么是好的作业

例如：教师要向同学们指出优秀作文中好的地方，就要提供好的标准、好的样板，以便学生按照这一标准进行自改或同伴互改。

二十三、同伴互评，在同伴互学中起到很大的作用

同伴互评可以用在英语及汉语作文中。同伴通过互评，学习对方的优点，同时指出对方作文的不足，并给出建设性意见。通过互评，让他们从客观的角度思考作文应该怎么写，而且能对自己所写的文章进行反思，以便进行自我修改。学生要学会学习别人身上的优点，反思自己的不足，培养学生自我评价、自我反思的能力。

也可以让学生互相批改理科的习题。互相批改时，能看到对方的步骤；通过看对方的步骤，能看出他做题的思路；通过看思路，可以理出他的思维脉络；然后通过修正修改同伴做题的步骤，来完善对方的思维。

二十四、在每个章节结束后，各学科教师应让学生画出本章节的知识网络图

通过检查学生的知识网络图，能看出学生分类梳理知识的情况。

对不同层次的学生要求是不同的，对学困生的思维导图要求较为基础，而对优等生的思维导图就要求较高，不仅要求知识归类，又要注重知识之间的关系。

例如，在每一章的外语学习中对学困生的知识网络图要求：只画出单词、词组、知识点、重点语法、重点句子就可以。而对优等生的要求：画出以上这些后，还要画出本单元的语言话题，

设计语言话题情境，复述 Section B 中的文章，用本单元的语言话题写作文。

二十五、评价要采取打分和评语相结合的方式

教师通过打分来进行评价学生有两种情况：一种是在课堂上对学生回答问题的情况以及课堂上的表现通过打分给以评价。学生以小组的形式进行评比，小组成员进行同组合作，在组和组之间展开竞争，用这种方式有效调动了学生的积极性。

另一种以打分形式进行评价的就是每天进行的小测试。每天的测试是考查学生对前一天知识的掌握，用打分来评价学生的复习情况，督促学生进行复习。

教师在批改学生的作业时，不采用打分的方式，也不用打对错的方式，而要用评语的方式给出改进的建议。教师在学生的自习课上，要给出时间，要让学生对错误的习题根据老师的建议进行修正。如果学生自己不能完成，可以在小组中同伴之间通过互讲来学会。

二十六、学生把错题写在错题本上，并写出此题正确的知识点

我们会发现学生在错误的知识点会反复犯错，这说明这些知识点是他们没弄懂的，大多时候是不能一次性深刻理解的知识，需要学生进行反复琢磨，才能深层次理解。学生把错的题重新写在错题本上，并在错题旁写明本题的知识点，以便以后能经常翻看错题。教师要经常检查学生们的错题本，以便督促那些懒惰的学生。

🔦 小组合作学习

在"四案一构"教学模式中，教师和学生的关系发生了变化，教师由课堂的主导者变成了引导者，引导学生如何能更好地学习，教师由神坛上走下来，蹲下身去关注学生的学习过程、思维过程，给予学生最贴心的帮助，让每一层次的学生在学习中有不同程度的成长和进步。

学生的学习不应该是独立的个人行为，学生需要教师的帮助，同时也需要同伴间的互相帮助，因为教师一个人的力量是有限的，班级中学生的理解能力不同，那些学习成绩优秀者，正是教师的小助手。如果当老师讲完一遍，还有很多人不会时，那些学习优秀的小助手们就可以帮助老师一对一地把他们教会。

学习能力的差异性是始终存在的，在我国大班额的教学中，教师很难关注到每一个人，要想解决分层教学的问题，最好的办法就是把学生分出层次，如果把学习好的同学放在一起，学习差的同学放在一起，这样解决不了互相帮助的问题，而且学困生在一起不仅会造成他们丧失信心，而且不利于他们互相帮助，还可能成为纪律隐患。

"四案一构"教学模式对学生进行科学合理的分组，教师把全班同学按成绩、性格、能力分成三个部分，然后从每个部分拿出两人成立一组，形成 2A，2B，2C 为一组的合理分配方法。按照组间同质、组内异质的原则，每一组有两名学习好的同学、两名中等同学、两名学困生，这样就解决了把学生分出层次的问题。

学生在学习过程中独立思考非常重要，但有时同伴之间的研讨、合作互助，这种互相给予的支持在某种程度上大于老师。合作学习使学生能在独立学习的基础上，通过小组成员的探究、分享，从其他人身上学到自身没有的想法、知识和能力。开启了思维，落实了责任，使学生重新审视自我以及自我的学习状况，使学生能真正思考学习、参与学习，经常谈论自己的学习。这时候的学习最有效。

教师把六人一组的小组成员，每个人都调动起来，让他们每人负责一项任务，让他们觉得自己有用，把责任落实到每个人身上。小组组长起着引领协调整个小组的作用。在小组的建设中，不仅提高了学习能力，也提高了学生的社会交往能力、表达能力、团结协作的能力，体现了育人的功能。

一、同伴之间的讨论内容

1. 同伴之间讨论老师在课堂上设置的探究题。

2. 教同伴相关的学习内容。

3. 同伴互相批改作业、试卷以及作文并给出改正建议。

4. 同伴之间进行互评和自评。

同伴之间的讨论是在个人思考之后，同伴之间相互表达自己的观点，在交流过程中互相学习，取长补短。在学生讨论的过程中，教师要到学生当中，听一听他们真讨论还是应付了事。

讨论中出现的最大问题是学困生根本没有什么发言权，那些A层同学主导了整个讨论或者讨论只是成了好学生在教学困生学习。

二、教师要教会学生如何倾听，如何帮助同伴表达自己的思维过程和观点

首先学生要学会思考，个人思考是基础，有的老师以为讨论就不需要思考。恰恰相反，讨论正是谈论个人的思考和观点的过程，教师一定要留出时间让学生思考，没有思考就没有接下来的讨论。

讨论是为了给每个人讨论自己想法的机会，尤其是那些害羞的孩子，在全班同学面前胆怯的学生，要先让他们在小组范围内说出自己的想法。

在这一过程中，每位学生都要学会倾听，听比说更重要，学生首先要倾听别人的想法，倾听别人的想法就是向别人学习的过程，考虑什么是自己没想到的，他这种思维的过程是什么？对你有什么启发？

接下来谈论自己的想法，在谈论自己想法时，逻辑要清晰，框架要明朗，语言要精练。

讨论结束后，老师任意叫同学说出全组的想法，发言同学要汇聚全组同学的想法，再次组织语言，理清思路，阐述想法。在整个过程中锻炼了学生的表达能力、逻辑思维能力和语言组织能力。

三、同伴之间要建立合作才能共赢的理念

通过小组间的评比和竞争来调动每一名组员的学习积极性和责任感，为组争光是每位组员的职责。

树立小组间同层次同学竞争的理念，每一层次的同学都需要努力，尽力完善好自己，当把学习的责任承担起来的时候学习最有效。

四、安排座位由老师来决定

有的老师让学生来选择同伴，觉得同学之间关系好，更容易交流和沟通，这不是个好办法。因为好朋友可能更容易聊和学习无关的事情，不一定能把全身心投入学习中。

应该由班主任老师来按照成绩、性格、能力等各方面综合考虑进行分组，开始不能相处得好的伙伴要告诉他们处事的原则，这正是锻炼孩子们与人相处的好机会，因为到社会上最主要的就是与人相处。交际能力是决定一个人能不能干好工作的最主要的能力。

五、在小组建设中，小组长起了卓越的作用

每个小组设有一个小组长，负责整个组的学习、纪律及卫生情况。各学科都设有学习小组长，每个小组成员也各负其责。

小组长要负责好小团队的建设，要树立小组长的权威。调动每个组员的力量，统一思想，打造团队精神。在外语课堂上会经常让学生进行角色表演，分角色表演是小组合作最好的范例。

六、可以在同伴间进行互批作业

教师所留的小测试卷或小考卷，可以试着让学生进行互批，在互批前教师要分享作业的评分标准。学生在互批完要给出相应的改正建议，改正建议要具体，直接指出错误的知识点，而不是给出概括的建议。

比如：作业做得不错。

情景对话需要再加强些。

这样的评价对学生没有任何帮助。它宽泛到让人不知所措，无从下手。应该要求学生通读完全文后根据所提问题给出答语，或是根据所给答语提出问题。

七、教师利用展示优秀作文的方法，来说明采用什么策略能达到高质量

教师可以把考试中最优秀学生的作文，打印展示给学生，学生们进行讨论他的作文好在哪里？我们如何能做到？

比如：他的人物心理描写写得到位吗？

在评价分析优秀作文的同时，教师要引导学生反思他们是如何做到的，使同学们知道他们怎么做能离成功更近，策略是什么？学生只有知道如何做能取得进步才不会自卑。有时候学生对学习放弃是不知道自己如何做才能取得成功，所以教师有责任让学生知道成功的策略是什么。

八、同伴间自评英文作文

教师在上课时根据本单元的话题，让学生写作文，写后让学生画出自己认为写得优秀的地方，并说给同伴听，而且要给出觉得优秀的原因。然后同伴再说他的英文作文的优秀之处。用这种方法，学生能够用客观的眼光去审视自己的作业，落实学习的责任，彼此还能互说优点。

九、让学困生给优等生讲知识点

教师可以经常让学困生给优等生讲知识点，学困生的学习能力差，比较懒惰，没有恒心，学习会有很多问题。

通过在课前就告诉他们下课要给优等生讲知识点，可以促使他们在上课时认真听课。由于是让他给别人讲，变换了角度，所以首先他要弄懂弄清，才能讲明白。利用这种变换角度的方式，来提高学困生学习。

十、学生把画完的思维导图讲给同伴听

思维导图是学完一个章节后，把整个章节的知识脉络进行梳理分类的结果。学生梳理后讲给同伴听，要说出为什么这么进行归类，每一类别中都有哪些细小的知识点。

画知识网络图是学生进行章节复习的一个手段，讲给同伴听是再次复习的一个过程。然后再听同伴讲，便又一次复习了本章节。用这种在没忘的前提下多次进行反复的方法，加深了学生对知识的印象，使短时记忆变为长时记忆。

十一、在外语课堂上经常让学生进行角色表演

分角色表演是小组合作最好的范例，每位学生都扮演一个角色。扮演角色时，不仅仅只是能说出这句话，而且要加上表情和体态语，这样能让学生深刻理解事情所发生的情境，能更深刻理解语言所要表达的感情。

情境法是学习语言最好的方法。中国人学外语，最主要缺乏

的就是情境，只有尽量去创设情境，用情境带入语言，才能使学生有身临其境的感觉。这样的情境创设，也容易在学生的语言输出上有帮助。

十二、同伴合作进行修改作文

老师拿出一篇问题比较多的作文，给出好的作文标准，小组合作，找出作文中的不足和作文中的优点。成员在找的过程中要先通读文章，然后按照教师给出的好的作文标准进行寻找，在找到后要向同伴解释，你认为好的原因，要有你的理论支撑。同伴认同后，一起把它们一一列出来。然后再找出写得不好的地方，也同样地把它们列出来。用这种方式让他们深入思考，共同研究，而且最主要的是在这个过程中，学生能更深入地理解好作文的标准。

十三、用棋盘的方式列出所讨论的问题

把所讨论的问题列在一张纸上，每一个问题都标上序号，学生通过投骰子的办法，来决定同伴回答哪个问题。

用这种兴趣法让学生思考问题、研究问题，目的只有一个，让学生深入思考，沉浸在问题之中。

十四、每周要召开一次学习自评和互评会

当学生经常反思自己的学习时，就会把学习的责任落在自己的肩上。维果斯基指出，对话的过程也是一种内化的学习过程，特别是小组或同伴对话时的学习非常有效。可以让学生们谈论自己对学习的感受——苦恼和困难的地方，也可以谈经过努力所取

得的进步，也可以同组同学进行互评，能让彼此意识到自己没有察觉、没有意识到的不足，以便取得更大的进步。

学生的自评和互评客观公正，开诚布公，学生之间由于友谊很深，都能够虚心接受。尤其是同时把现在自己正经历的困难和苦恼说出来时，大家还可以帮忙出主意。

最后老师进行总结评价，进步的地方是什么？不足之处还有什么？对学习和评价都要进行指导，以便能为学生指出更明确的出路。让此活动更好地持续下去。

十五、在进行思维导图互讲和自评互评的过程中，要紧紧围绕学习目标和实现指标

不要让学生进行空谈，空谈无效，不能使学生取得进步。每一周的反思会都要围绕各学科的学习目标和实现指标进行，这样做能使孩子们互相得到切实的帮助，在自评和互评中，得以解决问题，增强本领。

在老师评价的时候，要让学生知道，每个人在学习的路上都会遇到困难，通过反思会，可以把学习过程中的隐性问题显示出来，只要我们能面对、不逃避，最终会战胜困难的。

十六、利用日记本和老师交流自己的学习过程

有的学生比较腼腆，不愿在反思会上多说，这部分同学可以利用日记的形式，反思自己的学习。通过在日记中沟通交流，教师对他们进行书面指导，此时也要紧紧扣住学习目标和实现指标，这样才能给出有效的帮助。

十七、在反思会上也可以让同学以头脑风暴的形式专门谈论某一学科的学习方法

例如：学习外语的方法

1. 背单词——用联想法，避免记忆汉语的中间环节。

2. 背单词——没忘时及时反复，克服遗忘。

3. 语法的学习——先让学生感受情景和句子，然后让学生去观察总结。

4. 语言话题——要在情境中去感受语言。

5. 阅读能力——通过阅读原版刊物以及时政信息来提高学生的阅读能力。

十八、每节下课前留有五分钟，让学生对本节课的学习进行总结

总结的形式可以多样，可以写在本儿上，可以讲给同伴听，可以在全班同学面前总结，本节课你学到了什么知识？你对知识是如何理解的？用这种方式既对知识进行了总结，也让学生对自我学习情况进行了反思，同时教师对学生的学习进行了监控。

十九、在遇到难题难点时，可以让优等生给大家讲解

同学们遇到难点问题时，可以采取让优等生到黑板前给大家讲解的办法，尤其是在自习时间，同学们通过自学没有学会，而且大部分同学都不会的情况下，班主任采用全班听优等生讲的这种方式，既锻炼了优等生的思维，又能吸引其他学生认真听讲。

如果问题不是太难，有一部分人没弄懂，在自习课的时候可以采取兵教兵的方式来进行。

　　总之，为了让学生成为善于学习的学习者，就要让他们思考学习过程，关注学习方法。这才是通向学习成功之路的金钥匙。

"四案一构"教学模式的课堂结构

一、预习

学生在上课的前一天，按照导学案中的预习案进行预习。预习案是按照课本的前后顺序进行编制的，学生首先要通读预习案，了解所要学习内容的大致情况，再带着问题去阅读教材。预习案是以填空形式出现的，都是一些基本知识点，而且是本节课中的重难点，主要是让学生对下节课要学的内容进行简单的了解，以使学生带着没有解决的问题和疑问走进课堂。教师在上课时，给出预习案的正确答案，不要去讲解，要让学生带着问题去听课。如果学生在听课过程中自己能解决，老师就不用再讲解了。如不能解决，最后老师找学生给大家讲解。

二、教师解读学习目标

学习目标是学生学习的方向，是学生学习的索引，首先，教师要把目标写在黑板的上方，以便学生能时时看到学习目标；其次，教师要解读目标，让学生了解这节课的重难点和要掌握的最主要的内容是什么？为听课的侧重点做了很好的铺垫。

教师在教完一个学习目标后，要马上去回顾目标，以便学生对所学内容进行反思。当学生对自己的学习思考得更多时学习会更有效。

三、课堂探究

教师在课堂上要以知识为载体，去关注学生的学习过程。教师要通过提出高质量的问题来培养学生的高阶思维。教师通过提问，可以把学生的隐性思维变成显性思维，可能学生的思维不能一步到位，教师要通过再次追问，搭建思维台阶，把学生的思维由低阶引入高阶。在这个过程中，教师要关注知识的传授方式，更要关注学生的理解程度和思维的路径。

学生把注意力放在解决问题上，这样才能提高学习效率。

教师问题的提出是由浅入深的，学生能够单独回答的问题直接进行回答，较难的问题要进行小组讨论。在小组讨论时，教师要走到学生当中去，关注他们讨论时的状态。尤其是学困生，要看他们能否参与到讨论中去，其他同学是否愿意帮助他们，优等生之间的讨论，对他们思维的启迪效果如何。

讨论结束后，学生代表进行发言，表达全组同学的观点。较为简单的内容，由 C 层学生回答，最难的问题由 A 层学生进行回答，教师通过小组给分的形式给予评价。评价表写在黑板的右侧，同学们时时能看到各组的分数。教师利用评比的方法，给学生无尽的激励，学生在比学赶帮中积极地学习着。通过这种方式可以调动所有层次学生学习的积极性。

四、总结

下课前五分钟留给学生，让他们对本节课的内容进行回顾。按照记忆的规律，经过探究后得来的知识还是杂乱的，还没有归纳、整理、总结，还没有完全记住。这五分钟留给学生就起着归纳、整理、总结的作用。也是让学生学会自学，学会学习，会学习是我们教学的目标。学生要把基础的知识学会弄通，但不能停留在掌握知识上，而是要从各知识点之间的关系和知识结构上，掌握它们之间的关系及内在的联系，只有掌握这样的知识才能化为能力，只有具备了能力，学生才具备了潜力和创新的基础。

进行科学的复习

一、及时复习

每个年级组每天都要安排一至两节的复习课，根据艾宾浩斯记忆规律，在没忘的情况下反复七次，短时记忆就能变为长时记忆。针对这条规律要做到两点：1.要及时复习，也就是没忘时及时复习，这样会用很短的时间完成复习任务。2.要在没忘时反复复习，这样才能变为长时记忆，才不会忘掉。如果不能及时复习，那就等于白学，知识在当天要及时强化，用及时的复习唤醒课堂上的记忆。

在复习时学生不要打开书本，要采用冥想的方法，回顾每个知识点。只有想不起来时才可翻开书本去寻找，然后仔细阅读，记住知识。接下来继续冥想，直至完成每一学科的复习。

二、反复复习

科学表明，不仅要对当天的课进行及时复习，同时对前几天的上课内容，也要每天进行回顾。开始时可能需要几个小时进行复习，接下来可能需要二十分钟，隔两天后再复习仅需十五分钟，隔四天后再复习需要十分钟，隔一周复习五分钟就可以。只有在没忘时坚持反复复习，这样的复习才最有效。

三、通过构建知识网络图进行复习

学生在学习时不仅要通过复习来记住知识，还要经过加工编码来顺畅提取知识。加工编码就是对所学知识进行重组、梳理、归类，使知识系统化，通过新旧知识的联系，形成知识点和知识结构之间的关系。这个过程是学习者主动加工的过程。

在构建知识网络，也就是对知识进行加工编码的过程中，对每一个概念、原理、定理、规律都要进行准确的掌握，按照各自的规律、体系建立知识间的联系，并进行相应的拓展及延伸。画知识网络图必须自己动手，在深入理解和思考的基础上动笔记下自己的网络图。在形成网络图的过程中，对知识进行对比，找出共同点和差异，理清知识脉络，将知识整理成体系，以便于知识的记忆、理解及提取。

四、通过整理笔记进行复习

课堂上学生是在以问题为引领，经过思考和讨论而习得知识。在课堂上老师不给学生时间去记笔记，学生把所有的精力都要放在思考和讨论上。整理笔记可作为作业的一种形式留给学生。学生是按照探究案来进行整理笔记的。在探究案中，给出的依然是问题，学生再次根据问题把答案整理到笔记本上。答案就是知识点。不仅要写上知识点，而且要把有关即时练中的错题写在笔记上，因为即时练是有关知识点最直接的操练，错题中的知识点就是学生没有掌握的知识点，需要学生反复掌握。

五、利用错题本进行复习

错题本是学生错题的积累，集中将上面的错题弄通弄会是一种学习好方法。在教学中，教师通过分析学生的错题，发现学生会反复出错的知识点，以及出错的原因，看是因为没能掌握这些知识点，还是对知识点理解不深，或是几个知识点叠加学生不知所措？弄会错题是学生取得进步最快捷的方式。不仅要让学生写上错题，而且要在空白处写上本题的知识点，以便反复进行复习。

在外语教学中如何以问题为引领来培养学生的思维

中国的孩子放学回家，家长问的第一句话就是："今天的作业做完了没有？"而以色列家长问孩子的第一句话是："你今天在学校向老师提问题了吗？"如果孩子得意地说不但提过，老师还没有回答上，那家长会像孩子一样喜形于色，得意扬扬。如果中国孩子也这么说，绝大多数家长会尴尬为难，甚至会斥责孩子逞能。这使我们不得不反思，我们的教育到底要什么？是要学生没有问题地出入教室，还是带着更多的问题走出教室？

传统的教学模式下，学生是通过老师的传授被动地接受知识，致使大多数学生逐渐养成一种不爱问、不想问、不思考的习惯。从而形成一种盲目依靠书本和老师的学习习惯。这种学习方法不仅束缚了学生的思维发展，也使学生学习的主动性渐渐丧失，甚至被迫学习，根本体会不到学习的快乐。传统的学生学习方式基本上是预习——听讲——练习——复习，这种被动接受、死记硬背、机械训练的学法，让学生成为书本的奴隶，不仅缺少想象力和创新精神，更加难以升华所学知识，个性得不到张扬。许多学生只注重死板地读书，力争在考试中获得一个高分，往往忽视了对自身各方面能力的培养，最终导致许多学生高分低能。

众所周知,传统教学最典型的代表是:凯洛夫的五环节教学法。20世纪前期,苏联凯洛夫创立五环节教学法。强调三中心,即以教师为中心,以课堂为中心,以知识为中心;强调五环节,即组织教学、复习旧课、讲授新课、巩固新课、布置作业。凯洛夫所著的《教育学》曾被我们奉为法典,直到现在,在基础教育和高中教育阶段,五环节教学模式仍然被广泛深入推广,它的巨大惯性力量一直延续到现在。尽管新课改已经提出了十多年,但是在现实中,班级授课制没有改变。秧田式的座位面对讲台,太多的学校、太多的老师仍然在使用传统教学方法授课。传统教学方式的弊端主要体现在以下五个方面:

第一,传统的课堂教学目标的呈现过于简单化。

教师在备课时"准备好"教学目标,上课时只是简单地重复,甚至不重复,认为老师心中有数即可在课上进行有的放矢的讲解。实际上,学生对于目标甚至都谈不上了解,就更不用说做到心中有数了。因此,学生对于本节课该掌握哪些知识,达到什么样的程度一无所知。

第二,学生的学习没有自主性。

老师都会从自己的主观意识出发,认为哪些是学生会的,哪些是不会的,哪些是重点,哪些是难点,不会顾及学生的需求。例如,教师认为一般现在时很重要,要反复讲解,可学生已经掌握此时态的用法。课上就是白白浪费时间。而学生不会的内容却没涉及,造成了学习的低效,投入大,产出低。平时的学习都由老师的主观意识决定,学生没有自主性,一直处于被动学习状态,缺乏主动性。学习兴趣也受到严重的影响。

第三，学生缺乏合作意识。

学生在学习过程中，只是自我完成学习的过程，没有沟通、讨论，也没有同学间彼此教和学的过程。完全单打独斗，忽略了最好的学就是教的过程。

第四，评价的单一性。

最后评价学生时，只是看学生的试卷分，只靠分数来评价学生的成绩优与劣，不关注学生平时的成长过程。忽略了过程，只注重结果，不能激发学生的内在动力，使学习缺乏长期的动力，只会走走停停，养不成终身学习的习惯。同时，学习兴趣也会受成绩的影响而逐渐减少。

第五，不注重能力培养。

太多的学生考试能拿高分，可是当读文章时或翻译时会做得一塌糊涂，就更不用说脱口而出的口语能力了。

以上是对于传统英语课堂教学模式所产生的弊端的具体分析。针对诸多弊端，我们想到的解决办法便是让学生从被动变主动，从原来的被要求学习，变成主动地去学习。那么这种转变便是从课堂的授课方式开始的。学生不爱动脑，不愿动脑，学习缺乏主动性，那我们就让他们的脑子动起来，学习主动起来。最好的办法，就是让学生带着问题走进课堂、走出课堂。让学生学习的时候，脑子动起来，人也动起来。带着问题，同学间讨论，带着问题，同学给同学讲解。以往崇尚"教师讲得清清楚楚，学生听得明明白白"的教学境界，使学生缺失了应有的学习过程——存疑、选择、批判、探索、想象、创造。而让学生带着问题走进课堂，是激发学生学习的动力、调动学生自主学习积极性的有效方法，也是新课改所要求的从被动学习到主动学习的路径。英语深层的教学是丰富多彩且涉猎极广的。但浅层的教学却是相对枯燥乏味的。基于综合素质教育和应试教育双重考虑，英语教学中的深层教学就变得更加重要。那么，如何使枯燥乏味的知识和课堂变得高效有趣，就成了我们为人师者需要深思的问题。以问题为引领展开英语教学，就是我们可以使用且好处颇多的一种教学方法。

一、先提出问题，再去学习，对学生的好处

对于学生而言，带着问题去学习，第一个好处就是目标明确，知道了自己该学会什么，并且在解决问题的过程中逐步培养了如何去学的能力。以往很多学生预习时不知道该学什么，什么是重点、难点，什么应该掌握，什么不应该掌握。但如果老师可以以学案的方式，将学生需要掌握的知识以问题的形式提前布置好，那么孩子就可以依照手里的学案，借助其他的教辅材料和网络的帮助完成对重难点的学习和掌握。同时找出有疑问和不懂不会的部分，带着问题，走进课堂。

第二个好处就是培养了学生的自学能力。解决问题是需要动脑的，学生们最不喜欢的事情就是动脑，但当这种行为和过程成了他们必行之事的时候，长期不爱动脑的习惯就会被改变，同时自学能力即可养成。

第三个好处就是成功感和成就感的养成。学习中大多学生缺乏兴趣，而没兴趣的最大原因就是学生没能在这种行为中取得成就感。因为没有成就感，学生自己就没有了付出的动力，自然就没了兴趣。而以问题为引领的教学方式，使学生们在对问题的自我解决过程中，会逐渐获得信心和成就感，长此积累，学生的学习兴趣自然增加。

二、先设计问题，再去讲解，对教师的好处

好处一，学生带着你的问题提前学习，带着他解决不了的问题走进课堂，这一过程的形成，无形中节省了不少时间，可使课堂变得更高效。同时，教师也从之前的一言堂变成了学生们的帮助者。老师交出了课堂主导者的地位，使学生真正成了课堂的主人。

好处二，相同的教材，问题在经过多年的积累和改良后，无形中减少了老师的工作量。问题的准备过程最初一定是多且难的，但一旦成型成体系，老师们的备课量就会减少很多，就可以把备教材变成备学生，以求更高效的课堂教学。

课堂就应该成为师生互动，共同发现问题、解决问题、拓展问题的场所。新课标下课堂教学的思路是：以问题为线索，带动探究性学习；以活跃思维为目的，让主体的学生学得生动活泼。"问题"就是点燃思维的火把，它将让学生的智慧光芒四射。

亚里士多德曾说过：思维是从疑问和惊奇开始的。爱因斯坦也说过，提出一个问题往往比解决一个问题更重要。学习是从问题开始的，教学过程也应该是解决问题的过程。"学起于思，思起于疑。"教学活动是教师与学生的互动过程，学生有疑惑才能打破头脑中的平静，调动起学习的积极主动性，成为课堂教学的真正主角。带着问题进课堂，带着问题出课堂是很好的学习方法和方式。但是，我们在应用的过程中也应该注意其中的问题。要依据课堂的内容与目标提出问题，提出的问题要贴近学生的生活，使比较抽象的问题、枯燥的问题与生活相结合。把握好难易程度，不能过易或者过难。过难，学生会失去对问题思考的兴趣，挫伤

学生学习的积极主动性。过易的问题，锻炼不了学生在课后自主探究问题的能力。

针对当前英语课堂问题设计存在的突出问题，我提出以下一些观点：

1. 英语课堂问题设计要注意与学生的学习兴趣相结合。兴趣是最好的老师，设计精巧的问题，能够吸引学生，提升学生学习英语的兴趣。所以抓住学生学习兴趣点、激发学生的学习热情是课堂问题设计的重点。例如：在讲八年级上册 unit6 时，我们可以问学生：What do you want to be when you grow up？学生的思维就活跃起来了，有的说：I want to be a teacher because I like being with children. 有的说：I want to be a doctor because I can help others. 这样就可以轻松地调动学生参与课堂讨论的积极性，让学生动脑想自己的理想是什么，也培养了学生的发散思维。所以让学生在兴趣中学习，一方面学习了新的知识，另一方面也培养了学生的思维能力。在课堂教学中，教师若用一个有趣的问题能唤起学生的好奇心，就能使教学效果事半功倍。

2. 英语课堂问题设计要紧扣初中英语教学大纲的要求，结合本节课的重难点，让学生在问题设计中掌握本节课的知识结构。这就要求授课教师要在平时钻研初中英语教学大纲，在对课文充分掌握的基础上，设计出相应问题。这些问题必须非常严谨，同时又要结合学生的实际水平，符合学生思维发展的规律，使每个学生都能参与到课堂中来，从而达到培养学生思维方法的目的。

3. 英语课堂问题设计要和以前的相关知识点进行比较和区别，让学生在对比中形成自己的知识体系，然后在应用时就能像一串串葡萄，可随意拎起，自如使用。例如：我们在讲八年级上册

unit9 时，这个单元的语法项目是 can 的用法，这时我们可以让学生回顾七年级下册 unit1 单元的内容，然后给出 can 的例句，让学生通过例句比较和区别出 can 的用法，通过这种方法培养了学生发现总结的思维。

4. 英语课堂问题的设计要由浅入深，问题的层次性和学生的层次性要有机结合，使每一层的学生都得到有效训练和有效提升。教师根据学生的知识水平和解答问题的能力，可以精心设计提问的难度，使优、中、差各类学生都可以获取所需信息。设计出能满足每个学生口味的问题，从而激发每位学生学习英语的兴趣。设计问题不能太难，太难不利于培养学生回答问题的积极性，问题应该是大多数学生经过一番思考便能解答的为好；也不能太简单，使学生养成不爱动脑的习惯，要有一定难度，让学生经过努力才能解答。同时要掌握学生的差异性，做到因人提问。我们可以把问题设置成三类：（1）巩固性的问题，以基础差的学生回答为主，以考查全体学生对知识的掌握和运用情况。（2）一般性的问题，以中等生回答为主，使多数学生都有思考的空间。（3）拓展性的问题，以优生回答为主，让优生拓宽思路，起到领头的作用。例如：我们在讲过去时的时候可以把问题分成三类，一般过去时的肯定、否定、一般疑问句的构成形式属于巩固性的问题，而一般过去时的特殊疑问句、时间状语属于一般性的问题，对比一般现在时和一般过去时之间的区别则属于拓展性的问题。因此，从不同角度提问，从易到难，创造出一种能使学生多方面、多角度进行思考的情景，便可使学生获得学习的热情和成功的快感，促进学生自信心的提升，培养学生的思维能力。

5. 所提的问题要有高阶思维水平，要提有深度的问题，避免提出的问题过多过碎。学生只考虑两三秒就能回答出来的问题，使许多本该理解的问题向记忆性的问题下滑。应少一些比较低幼级的问题，如在课堂上我们要少提一般疑问句，多提一些理解性问题和能培养学生综合运用语言的能力和思维能力的问题。在充分把握教材的基础上，尽量变换一些方式来提问题，例如：在讲八年级上册unit10时可以给学生多设置一些开放式问题。如：What will happen if you have one million dollars? What will happen if you are a president? What will happen if you are on the moon? 这样的问题刺激了不同程度的学生，使每个学生都想加入讨论中来，课堂气氛活跃，效果好。要使所提问题尽量贴近学生，以激发他们的求知欲，引导他们积极思维。允许不同的学生有不同的见解，因为他们的认知水平存在差距。但是教师提完问题后要多留一些时间给学生思考，因为在短时间内就请学生回答，一定程度上加快了教学节奏，降低了学生学习的兴趣，长期下去不利于学生思考能力的培养。另外，由于提问后等待时间短，学生回答问题的质量也会相对偏低。与其不断纠正学生的错误，不如让学生稍加思考后再说出更为正确或完整的答案。

6. 所提的知识点之间要有关联，有整体感，有灵魂，要为语言话题服务。学生在一堂课中所掌握的知识点之间是有联系的，是具有整体性的。框架性的问题既着眼于教材文本的大处，但又不妨细处落笔。在教学中，教师必须注意知识点的衔接，多角度、多方位地设计各种问题。问题必须灵活多样，适时适度，目的明确，有针对性，这样才能激发学生的求知热情，起到抛砖引玉的作用。例如：在讲购物话题时，我们可以结合考试大纲的要求对知识点进行拓展，培养学生横向、类比、逆向、联想等思维，让学生不单单停留在理解和掌握这一单元的知识内容，而且利用现有知识，结合已学知识去掌握中考的知识，能在书面上答题，也能在口语中自如交流，让学生学会创造、学会探索，培养学生创新思维，增强学生创新的能力。

总之，一个人如果不善于思考，是不可能取得好的学习效果的，然而好的问题能使学生思维活跃，能使他们积极思考，所以好的提问方式是英语课堂教学中必不可少、行之有效的教学手段之一。愿课堂提问使教与学关系融洽、学生思维能力得以提升，成为其学习的最强动力。

如何为培养学生的思维而教

教师教学生是以教知识为手段，通过教知识来锻炼学生的思维能力，学生思维能力的培养是我们培养学生的终极目标。通过对知识结果来源的分析，锻炼学生分析问题、解决问题的能力。我在课堂教学中通过以下几种方法来培养学生的思维能力。

一、老师不能一言堂

当老师讲解知识时，学生是被动接受知识，大部分学生很难把老师讲的每一句话都记在心里，所以出现的问题是很多同学跟不上老师的思路，溜号现象极为严重。而知识由学生来思考，学生在解决问题的过程中得出结论时印象会更为深刻，不易忘记。所以，在老师一言堂的课堂，学生大部分是在记忆知识，理解的知识也是直接听取老师的分析，记住老师的分析。研究表明，学生只有在遇到问题时自己分析，在遇到问题时向老师或同伴求助，在独立思考和讨论中，在不断修正错误中，在环环相扣地解决问题中，思维能力才能得到真正的锻炼。

二、教师所提问题的质量要高

高质量的问题有助于激励和帮助学生思考，锻炼其更缜密的思维能力。通过教师和学生的交流互动，教师能了解学生的思维达到了什么层面，有哪些知识是掌握的，学生的分析过程是什么，分析能力和解决问题的能力达到什么程度。

1. 教师不要只是提一些记忆性的问题，要让学生在观察中得出结论

比如，在讲 remember doing sth. 和 remember to do sth. 区别的时候，有些老师可能直接讲 remember doing sth. 表示记得做过某事，而 remember to do sth. 是表示记得要去做某事。这样你所提的问题无法引发学生的思考，学生是在被动记忆，记多了非常容易混淆。如果老师给出例句，通过不同的翻译，让学生去发现规律，进而去总结，得出来的结论便不易忘记。

如：I remember locking the door. 我记得锁上了门。

You remember to close the window. 你记着要把窗户关上。

2. 提一些有启发性的问题

根据最近发展区理论，要根据学生已有的知识，提一些跳一跳脚就能够得到的知识。这类问题可使学生根据已有的知识来拓展新知，提高自身的理解能力。比如，老师会提一系列的问题：

①这一问题你是怎么认为的？

②你为什么要这么认为？

③你是从哪几个方面分析出来的？

④在文章中的哪句话或哪几句话能得出这样的结论？

3. 变封闭式的问题为开放式的问题

封闭式的问题考查学生死记硬背的知识，而开放式的问题会引发学生的思考，进而培养学生的思维能力。

不要问	应该问
（1）感叹句的结构是什么？	你如何判断一个句子是感叹句
（2）There+be 句子的结构是什么？	什么特点的句子是 There+be 结构

4. 把问题变成一个有争议的问题

把能直接回答的问题变成一个有争议的问题，让学生在小组内进行研讨，学生发表自己观点的来源是思考的结果，学生之间也可以进行观点碰撞从而发展学生思维的广度和深度。

Why do children take after-school classes?	Your opinions
1. "After-school classes can help kids get into a good university." 2. "I want my child to be a successful person." 3. "It's good for children to start learning from a young age."	Agree： Disagree：

5. 教师要布置一些研究性的问题

所谓研究性问题就是学生自己通过查找材料，形成自己的观点，并在同伴或全班同学中阐述自己的观点以及支持观点的理由。

比如：① Why do you like Lantern Festival?

② What learning habits do you think are useful? Discuss with your group and share your ideas.

三、学生之间要有讨论和交流，学生不仅可以向老师学习，也可以向同学或同伴学习

在教学的过程中，我们会发现学生的思维水平、认知结构以及已有知识都是不同的，有很多同学不能一次性掌握所学的内容，这就需要小组内同伴的互教互学，通过互相讲解使知识更明朗。

通过互相讲解才能发现哪些知识是掌握的，哪些是还没弄懂的，通过互相讲解才能弄清楚知识的来龙去脉，所以同伴之间的讨论和研究是发展学生思维的好方法。

四、通过单元知识梳理构建思维导图

学生每学完一个单元需对整个单元进行知识梳理。根据话题内容，对单词、语法、对话和话题分类进行梳理。通过梳理使学生回忆、复习，并使分散的知识点系统化。系统化的知识便于记忆，而且在梳理的过程中学生也锻炼了分析能力。如九年级第一单元 How can we become good learners? 分为两个语言项目，一个是如何学好外语，另一个是如何成为好的学习者。

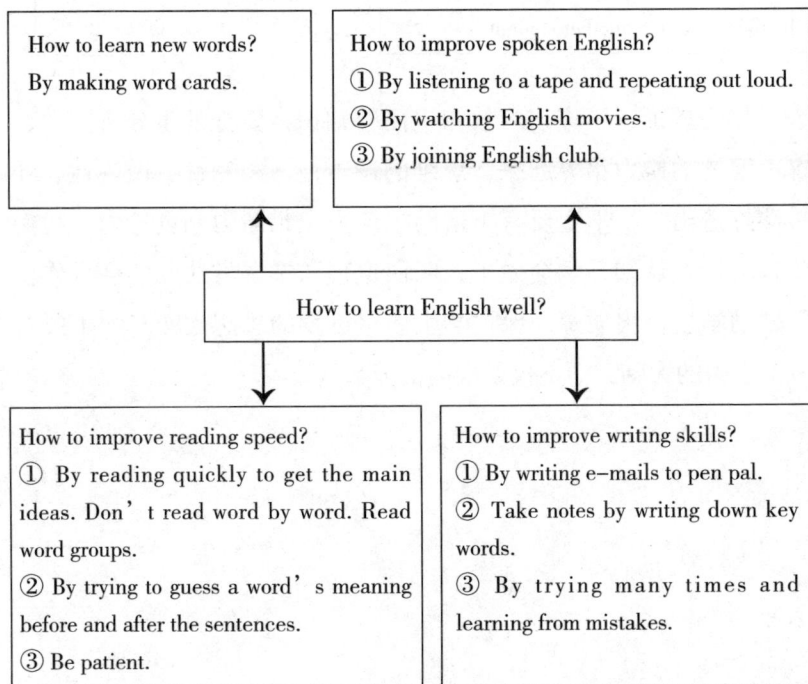

How to learn new words?
By making word cards.

How to improve spoken English?
① By listening to a tape and repeating out loud.
② By watching English movies.
③ By joining English club.

How to learn English well?

How to improve reading speed?
① By reading quickly to get the main ideas. Don't read word by word. Read word groups.
② By trying to guess a word's meaning before and after the sentences.
③ Be patient.

How to improve writing skills?
① By writing e-mails to pen pal.
② Take notes by writing down key words.
③ By trying many times and learning from mistakes.

① Creating an interest in what they learn.
Brain is more active.
It's easy to pay attention to it.

② Practicing and learning from mistakes.
Use it or lose it.
You'll forget it unless you use it.
They are not afraid of making mistakes.

How to become a successful learner?

③ Developing their study skills.
They may take notes by writing down key words or by drawing mind maps.
They look for ways to review.
They study by reading notes or by explaining the information to another student.

④ Asking questions
They ask each other and try to find out the answers.
Knowledge comes from questioning.

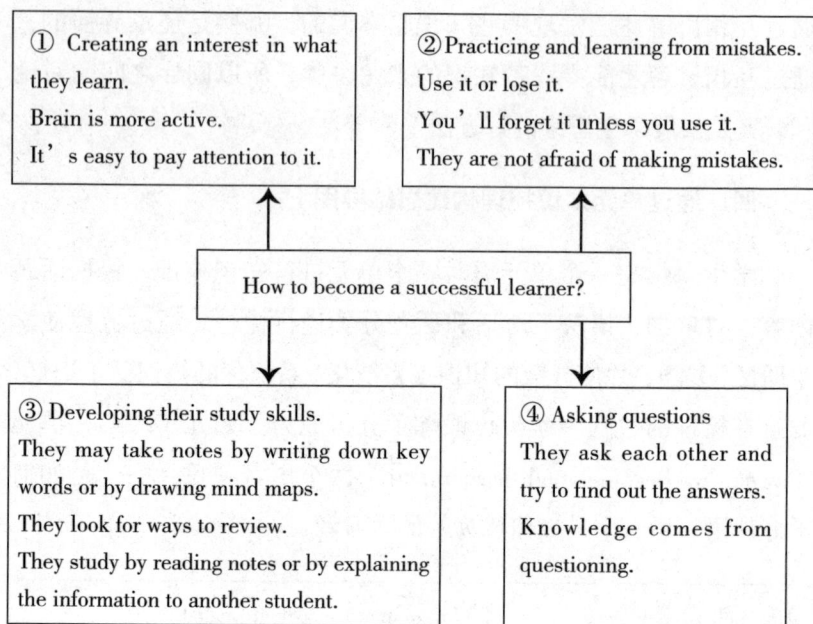

作为教师，不应该为教知识而教知识，要把学生分析问题、解决问题的能力培养起来，思维的逻辑性、缜密性、敏锐性、迁移性打造出来，学生要有丰富的想象力、判断力和创造力。我们要教会学生认知、学会做事、明白道理、掌握方法、学会合作。要鼓励学生提出质疑，保护学生偶尔迸发的思想火花。学生要有一个强大的大脑，而不仅是较高的分数。

课堂有效提问对学生思维的培养

　　教学的基本形式是课堂教学，课堂是教学活动的主阵地，是学生学习的场所，也是育人的主要渠道。教学活动是由复习、导入新课、讲授新课、师生互动、课堂总结、布置作业等多个教学环节相互衔接构成的完整的教育系统。传统的课堂教学关注点在"知识"，以让学生把知识"学会"为目标，强调认知结果，这就突出了教师在课堂的主体地位，忽视了真正的学习主体学生的重要地位，容易形成一言堂、灌输性的教学模式。传统教学最终易使学生深陷"死记硬背"及"题海战术"的泥淖，在日复一日的"机械记忆"中走向学习的极端——厌学。

　　随着素质教育的全面推进，学生的课堂地位被重新定义，学生是学习的主人，教学模式由一言堂变为群言堂，把教学目标转变为让学生会学，教学中强调认知过程，提高学生的思维能力，将学生培养成适应新时代要求的高素质人才。

　　我校为全面落实素质教育方针，坚持实行"以人为本"的教育理念，创新教学模式，以"四案一构"为依托，形成"以学生为主体、以教师为主导、以有效提问为主线"的高效课堂模式。在新课堂教学中，强调教师要根据教学实际，创设必要的情境，针对学情设计有效提问，充分发挥教师在课堂上的引导作用，努力引领学生思维能力，给学生提供足够多的思考机会，突出学生学习的主体地位，使学生在教学活动中学会学习，让学生在知识、情感、思维、能力等多维度获得提高，最终把学生培养成人格健全的"四有"新人。

我校开展的新课堂教学模式中，为提高教学质量、提高课堂教学的高效性，教师推动教学主体——学生积极思考、融入教学过程的主要手段就是提问。学始于疑，课堂提问是一种教学艺术，很多时候，一个好的问题比答案更重要。好的问题会激发学生的思考，帮助学生提高自己的学习思维能力，增进师生情感，活跃课堂气氛，提高学生自主学习能力，培养学生提出问题、分析问题、解决问题的能力。科学高效的提问需要教师运用自己的智慧和创造力，挖掘蕴含在知识背后的思维导向，高效地完成教学目标和教学内容，提高课堂效率，让学生在有限的时间内建立自己的思维图谱，在课堂学习中真正地学有所获。

课堂教学中问题的设置，毋庸置疑起着至关重要的作用。课程教学中的梯度问题，是指根据学生的学情和教学的实际内容，把问题按由浅到深、由易到难的梯度设计，让不同层面的学生都能自主思考和解决不同层面的问题，让课堂学习效率更高效地完成。我国当代著名语文教育家朱绍禹先生认为："在语文课堂教学中，使问题贯串于语文课堂教学的始终，是'学生学习和发展主体'的基本保证，是'尊重学生在学习过程中的独特体验'的条件。"英语的教学和语文的教学如出一辙，同属文科，有着共同的学习特点。设置有效的梯度问题，能够更好地引导学生启动灵活思维，认真走进文本，仔细感悟、探究问题，从而提高素养，完成教学目标。那么如何设置有效的问题，培养学生良好的思维习惯，真正提升学生的英语素养？我结合本校英语导学案教学设计，以人教版七年级下 *Is there a post office near here?* 为例，谈谈自己的想法。

第一，教学问题的设计就是教学目标的转换，问题的设计要围绕教学目标和重难点展开。

本单元主要是学习各种社区设施和街区环境，并学习有关词汇，句型是问路，语法是能正确使用 there +be 句型；能正确使用 where 引导的特殊疑问句询问事物的具体位置；能正确使用各种方位介词表述事物的地理位置；最后能用这些句型进行表述。这些重难点就是本单元的教学目标，目标设定后问题要围绕目标展开，并把目标分出层次，由浅入深。

第二，问题设计要考虑到具体学情的差异。

不同的学生，思考角度不同，理解能力不同。我们设计导学案的目的是让学生以个体独立思考、小组合作探究的方法来完成学习任务。首先根据学生成绩和能力的差异把学生分为 A、B、C 三类不同的档，梯度问题也根据不同学生的层面来设计，让他们都有针对性地学习新知。

我校把每组学生分为两个 A 层、两个 B 层、两个 C 层。问题的设置首先是让全班同学掌握基本知识，结合本节内容即我们的社区中有哪些街铺来维持我们的生活。让学生先用汉语来说明，由于是学生身边的事物，学生学习兴趣浓厚。接下来，用 PPT 展示所学单词图片，学生很快学会单词。C 层同学学得也很快并饶有兴趣。接下来的问题是解决方位问题，我以同学之间的位置关系来提问，问某某同学在某某同学的什么位置，是前后还是挨着，这个问题更能激发学生的学习热情，而且非常直观，几个表方位的介词学生很快就记住了。第三个层面的问题是句式的表达，我把桌子之间的空隙当街道，问学生用英语如何表达直走、左拐右拐及店铺之间的位置关系，让学生进行讨论，这时学生的学习积极性高涨。

第三，问题的设计要激发学生学习的积极性并锻炼学生的思维。

要想让学生一下学会很难的知识那是不可能的，如何通过提问题来培养学生思维能力是我们主攻的课题。

1.通过解决老师提出的问题来学知识，这样学到的知识是活的知识。

2.老师不要提需要死记硬背知识的问题，这样的问题不能引发学生的思考，更不能锻炼学生的思维能力。

3.老师整节课的问题不能太碎片化，要整体成脉络，和学习目标紧紧相扣。

第四，问题的设计要能使学生思维的深度和广度得到发展，有利于学生对于所学知识进行概括、归类，形成体系。

这一教学目标的实现主要靠分析整篇课文后，要求学生思考形成文章的"知识网络图"即思维导图来完成。

初步实施时学生完成的可能不够好，像 C 层的同学内容过少，准确度也不高，B 层的同学知识点有遗漏，而 A 层的同学虽然知识点全面、内容准确，但逻辑关系不够清晰。这时针对学生存在的问题再进行逐一的指导，几个回合训练下来，绝大多数学生能够较好地完成思维导图，整体把握课文重点，把握整个单元重点的能力逐步提升。更重要的是，学生的概括能力、逻辑思维能力、书面表达能力通过这一问题的引领得到了全面训练和提升。

由此可见，设计梯度问题，完成有效提问，不仅要考虑到教学目标和重难点，还要结合学生的具体情况，以及文本特点，巧妙设计，精心构思，才能使导学案问题的设计由浅入深、由简到繁，逐步加深难度。导学案每一部分中的小题是有梯度的，部分与部分之间，也是逐步提升难度、环环相扣的。所提出的问题要紧扣教学目标，逐步解决重点，突破难点。同时，要兼顾知识的前后关联，做到巩固已有的知识，引入新知识。更主要的是，学生面对的问题不是碎片化的，而是相互关联的；不是只考虑两三秒就能回答出来的，而是要经过一番思考才能得出结论的。问题的设置，要既着眼于教材之本的宏观，又立足于精彩纷呈的细小之处。让我们在课堂问出更好的问题，达到更好的教学效果。

高效提问是积极思维的起点，是学习的先决条件和内部驱动力。高效提问作为提高课堂教学效率的重要方式，能高效地利用好课堂有限的时间，激发学生的求知欲，积极调动学生的思维，让学生充分发挥学习主动性，把课堂营造成生动活泼的学习乐园，让学生在愉快的学习环境中自然、有序地学习，不断提高学生的创造性思维能力，提高学生的自主学习能力，让学生成为学习的主人，从而实现课堂教学的高效率。创新的教学模式，是以高效提问作为核心，通过高效提问，集中学生注意力，激发学习兴趣，使学生积极参与教学活动，开拓学生思路，启迪学生思维。同时，也有利于教师及时了解学生对知识的掌握程度，提高教学质量。这就要求教师的课堂提问做到精心设计问题、问题难易适度、提问方法灵活多变，能引导学生思考出问题的答案，从而实现锻炼学生分析与综合思维能力和口头表达能力的目标，使学生在学习中收获成就感，由"学会"提升为"会学、乐学"，从而切实地改进和提高课堂教学质量和教学效率。相信，只要我们教师在高效提问方面不断积极探索和实践，课堂教学会在新世纪开出璀璨之花。

同伴互助在英语中考复习教学中的有效性研究

只要用心去对待教育，教育就会点燃生命的火焰，教育就是一笔财富。"教无定法"，不同的个体，不同的教学环境，就要用不同的教学方法。英语教学方法是多样的，形式是丰富的，下面我结合多年来的实践、自己的感受谈谈针对同伴互助在英语教学中的有效性所做的研究。

一、实施同伴互助的目的

在英语新课改的推动下，大英语教学的开展势在必行，学生的英语学习量骤然增加，对学生的能力要求也提高很多。在这种形势下，要全面提高学生的素质，又不增加学生的负担，实施"同伴互助"的优势就显示出来了。同伴互助是培养学生互助意识的一种基本途径，在这个学习过程中学生可以把自己的思路和别人共享，而且学生更多地拥有了自由组合、分工协作的机会，拥有了评价和讨论他人观点的机会及空间和时间。"同伴互助"的目的是让不同层次的学生在小组合作共同学习的过程中相互促进，互补不足，让优等生在帮助他人的同时变得更优秀，中等生在互帮互助中自身能力得到进一步提高，学困生的疑问得到及时解决，收获自信。简而言之，"同伴互助"的目的就是使每个学生都有实实在在的收获。

二、英语教学中同伴互助存在的实际问题

同伴互助是我校一直在探索实践的新的教学模式，它对于改善班级的学习气氛、提高学生的学业成绩和批判思维能力等具有重要的作用。但要有效地实施互助学习，并非一件轻而易举的事。我在教学中发现，当下开展的"同伴互助"其实存在很多问题，对小组互助缺乏正确认识，只是为了互助而互助。因此我就目前同伴互助中存在的一些问题谈谈我的几点看法和体会。

当下的英语教学，已经从"师本教育"逐渐转变为"生本教育"，因此学生是同伴互助开展的主体，但初中学生英语综合素质的良莠不齐，导致同伴互助的过程或多或少存在一些问题。例如，在一堂英语课的拓展活动环节中，我布置学生开展同伴互助，当我参与到学生的小组讨论中去时，学生的表现令我大吃一惊：他们当中的一些人可以针对问题侃侃而谈，大发见解，而一些人则保持沉默，并不是积极地参与到话题的讨论中，只是偶有参与；而另外一些人则并没有陈述有关学习的内容或见解，表达想法，没有开展有实质意义的学习。有的小组甚至是某位同学一直在唱"独角戏"，而其他人则充当看客。如此现象在实际教学中其实并不少见，学生在同伴互助过程中参与度不高，实施同伴互助的目的并未达到。

其实在备课的时候，我更多的是关注怎样设计教学过程，怎样突出教学重难点，怎样设计板书，教学设计很大程度上只是从教师的需要出发，但这对于学生来说，未必都有用。忽略了备课

备学情这一环节，无视学生的学习能力、学习阶段、学习过程，这样的教学必然是失败的。

伴随着新课程的实施，学生俨然成为教与学的主角，课堂上出现了更多的师生互动、平等参与的局面，教学组织形式异彩纷呈，同伴互助的学习方式成为其中一个闪光的亮点。

三、"同伴互助"需注意的几点问题

"同伴互助"已然成为新课改下提高课堂效率及提高学生能力的"良方"。要进一步开展有效的"同伴互助"，教师必须深入思考以下问题：

（一）教师如何让学生去开展有意义的互助

在多次听课中，我发现多数的同伴互助，形式大于效果，基本上是低效的、放任的。经常是某几个人在表演，同伴互助只是反映在形式上，盲目开展并没有真正意义上的互助，这样的同伴互助是低效的。要知道，没有经过训练的互助小组是散乱的，这样的学习肯定是失败的，最起码对大多数学生是没有效果的。互助学习绝不是学生一朝一夕就能掌握的，需要我们长期不懈地训练。每一个人都需要在无数次反复演练中找到自己合适的位置，或者说去适应某个角色。比如进行记录，代表小组发言等。社会是丰富多变的，行业是不同的，每个人担当的角色也应该是不一样的。因此教师应教给学生互助学习的基本方法，例如，角色的分配，根据个人个性、特长等开展合理的分工，给所有学生都创造平等参与的机会等。互助学习，不教给学生方法，同伴互助就会在一张张小嘴叽叽喳喳的废话中耗掉学习时间，学习行为和方式并没有得到实质的转变，到头来仍然是几个优秀学生在发言，

而其他学生并没有参与体验学习的过程。同伴互助就失去了重全员参与，重情感体验，重人文关怀与互助的真正意义。

我认为，小组交流应涵盖两方面的内容：1. 表述自己的见解看法；2. 倾听他人的意见。这样，人人才能感受到交流的快乐，分享互助的愉悦。这样才能培养互助意识，获得真正意义上的团队学习成果。

学生已经习惯而且总想着怎样去做一个旁观者，这种现象的根源恐怕要追溯到以前旧有的教学模式和教师的教学行为。那就是表扬正确，呵斥错误。优秀生在老师不断的表扬声中信心十足，表现欲更强；而大多数学生却在无数次的呵斥下战战兢兢，他们不敢多嘴，怕别人讥笑，怕老师呵斥，干脆充当看客，什么也不说。这样的教学行为扼杀了个性，压抑了思想，泯灭了个人发言的积极性。很多时候，教师站在讲台上，让下面学生一组组开展学习与讨论，在看似热闹的场景中，实质上学生有没有开展有效的学习活动，讲台上的老师是不知道的。从这个意义上说，全员参与，也包括教师参与，教师的角色不要只局限于讨论的组织者，教师应经常参与到学生的探讨之中，和他们一起学习，并指导他们如何发表自我见解，或者以自己的发言暗示诱导学生如何发言，教给学生如何说出自己的观点，和学生一起讨论，逐渐培养学生发言的习惯和兴趣。当然，这并非一朝一夕可以做到的，需要一个过程。

（二）"同伴互助"这种学习是否每节课都需要

需知"同伴互助"是辅助课堂教学的，需根据教学的实际需要进行教学策略的调整，而不应不考虑实际教学需要而盲目地一味使用"同伴互助"的方式进行教学。有些课的内容并不适合用"同伴互助"的形式，盲目使用只会使教学效率降低，达不到预设教学目标，也起不到锻炼学生能力的作用。

"同伴互助"开展时需观察学生的同伴互助是否在走过场，或者说流于形式。教师要注意营造自由自在的学习氛围，控制讨论的局面，如讨论中是否有人进行人身攻击，是否有人垄断发言权而有的人却一言不发，是否有人窃窃私语，教师要在巡视及参与中"察言观色"，及时调控。

教师的教学设计是否合适，是作秀还是教学的需要。这不仅需要教师的认同，还需要课程的认同、学生的认同。这样学生才会真正投入研究讨论中去，一句话，要看是不是开展同伴互助的时机，这个时机的掌握要看教师教学实际操作，只有在学生经过独立思考的过程，有交流的需要时，展开的互助学习才是有价值的、有成效的。

因此，教师应多思考，不要被热热闹闹的假象所迷惑，盲目模仿别人的结果只能适得其反。多走下讲台，弯下腰和学生近一些，就可以听到学生的心声，就可以感受到学生的思想，关注学生的学习过程。这是我们组织课堂教学的唯一出发点。

四、开展"同伴互助"的成果

（一）明确了同伴互助的意义

同伴互助是一种通过学生之间相互协助、师生之间共同探讨学习知识的学习方法，它改变了学生以往单调、枯燥的学习方式，让学生在互助中学会学习，在学习中学会互助，学会倾听别人的意见，从而增进同学间的感情交流，改善人际关系，也有利于学生发挥出自己的最高水平。同时，由于学生的学习方式的改变，教师的教学方法也相应发生了改变，这就使得教师在吸收新知、课堂教学的设计上均会投入相当多的心力以提高自己的教学水平，从而真正实现师生共同成长的目标。教师也能通过小组互动多了解学生的认知水平和认知方式，并能以学生的角度来提出问题、思考问题，进而缩短了师生在课堂上的距离。

（二）了解了同伴互助中教师的作用

同伴互助的成功，与老师的引导和参与是分不开的。在互助学习中，教师与学生之间原有的"权威—服从"关系逐渐变成了"指导—参与"的关系。在此，教师不是清闲了，而是担负起了更大的管理和调控职责。教师要充当"管理者""促进者""咨询者""顾问"和"参与者"等多种角色，这些角色具体表现为：

1.在开展同伴互助初期，学生中可能会出现两种情况：闲聊（与课题不相干的交谈）；冷场。此时老师要合理地进行组织、调控，不能使同伴互助刚开头就夭折，或者使同伴互助流于形式。

2.小组讨论偏离主题或讨论一时受阻时，教师应及时发现，及时制止，或为小组讨论提供及时的点拨，使小组讨论顺利开展。

3.小组活动开展得顺利时，教师应给予及时的表扬。当小组提前完成任务时，教师应检验他们是否真正完成了任务。如果确实完成了，教师可以开展一些备用活动，如帮助其他组完成任务等。

（三）小组成员的组成有了更科学的分配

互助学习一般采用异质分组，即小组内各成员间有性别、学习成绩、能力方面的差异。互助学习小组通常由6人组成，其中两名是优等生，两名是差生，两名是中等生。这样分组的最大好处在于让学生懂得，每一个人都有长处和不足，人的智能、个性、才干是多样的，只有既善待自我，又欣赏别人，让每个人的价值和作用相互依存，才能相得益彰，发挥出团队学习的最大成效。当然，也会带来一些问题，低分生由于不能高质量地参与而变得消极，聪明爱炫耀的学生也是消极的，因为他们认为同伴太差而不想总是给同伴解释。比如学习任务比较开放，不同层次的学生都能得到不同层次的结论，这时就可采用同质分组，这样更有利于发挥积极性，更有利于交流。

（四）掌握了同伴互助的应用时机

同伴互助不是专用来活跃课堂气氛的一种教学组织形式，它应该用于解决知识的难点。对疑难问题、本课的重难点，教师在做一些适当引导后，让学生去互助、探索，运用集体的智慧去攻克难关。选择同伴互助的恰当时机是有效互助的重要保证。

1. 个人操作无法完成时。此时，教师可以创设情境，激发学生自发的互助，培养同学间团结协作的精神。

2. 个人探索有困难，需要帮助时。多用在出现了新知识、需要新能力处。这时运用集体的智慧，全班同学都积极行动起来，以好带差，在讨论中碰撞出思维的火花，就能体验成功的喜悦。

此外，在意见不一，有必要争论时；人人都需要内化知识时；当学生举手如林，为满足学生的表现欲时；当学生获得成功的乐趣，需要与人分享时，也是同伴互助的最佳时机。

（五）明确了同伴互助中应注意的两个问题

1. 同伴互助不能停留在形式上

近来，在几乎所有的课堂上，我们都可以看到小组讨论式的互助学习，但有的讨论仅仅停留在形式上，往往是老师一宣布小组讨论，前后六人马上聚在一起，满教室嗡嗡说话声，小组里每个人都在动嘴，谁也听不清谁在说什么。几分钟后，老师一喊"停"，学生立即安静下来。这种几分钟的讨论，并不是真正意义上的互助学习。不能想当然地认为，组建了互助小组后，学生围坐在一起，进行简单的议论，就会产生互助的效应。小组互助还需遵守一定的规则，比如小组内应该有分工：领导者、记录者、联络者、检查者等，而且应该轮流担任，增进角色的互赖性，提高互助学习的有效性。

2. 关注每个学生的有效参与

同伴互助不允许任何学生游离于集体活动之外，"出工不出力""小和尚念经，有口无心"都是不行的。同学之间积极的相互依赖意味着大家在彼此互助、相互启发中共同学习，而不是消极地依靠某个学生或某一部分学生解决全组问题，而另一些人在小组掩护下逃避责任。为了使每位学生都能有效地参与同伴互助，教师应事先建立一些基本的小组互助的规则，讨论前，小组成员先独立思考，把想法写下来，再分别说出自己的想法，其他人倾听，然后讨论，形成集体的意见。绝不能把同伴互助演变成"好学生讲，差学生听"的小组模式。

制定恰当的评价制度，取小组平均分与全班平均分做比较，个人分数均高于全班、小组的应及时给予奖励，这样会大大提高他们的学习兴趣，参与活动的积极性也会提高。

建构主义学习理论在教学中的指导和应用

　　传统的教师直接讲授知识，把教授知识作为目标，学生大部分时间是记忆知识，重结论性知识的获取，轻知识的得到过程。学习的新知识是在原有知识基础上建构的，所以要在原有知识基础上找出生长点，根据记忆规律，采取任务教学、自主学习等方法来构建新的知识。

　　在教学中教师往往有一种错误的做法，那就是教师过于关注知识，在教知识上狠下功夫，甚至讲了很多遍，然而却发现很多学生仍然不会，以致一大部分学生开始厌学。其实，造成这种状况的原因就是老师直接讲授知识。很多教师不在构课、教学策略、教学方法上下功夫，直接讲知识，他们这样做觉得简洁明朗，更能直接切入主题。教学也过多关注课业任务：让学生抄写或默写生字、单词若干遍，完成大量习题。这些习题和作业填满了学生的时间表。在课堂上，老师在讲课，学生在听课，学生绝大多数时间都是在记忆。学生通过认真听讲或记笔记来记住教师传授的内容。整个教学过程过于重视结论性知识的获得，而轻视得出知识的探索过程。这样做的结果是学生对学习没兴趣、厌学，很多学生在学习上跟不上，以至于他们成为纪律隐患。教师们也很苦恼：为什么讲这么多遍的知识，学生还不会，为什么这么多学生厌学。

课堂被大量的枯燥的知识充斥着，学生一旦学习落后，就很难再跟上，也没有兴趣再跟上。

教师只注重研究知识，缺乏教育理论知识的学习。学生学习的过程不是像注入一样把知识注入学生的头脑中，而是同化和顺应的过程。同化是指学习者以原有的经验为背景去理解新信息，将它纳入已有的经验结构。与此同时，学习者的原有经验结构又会受到它所同化的新元素的影响而发生一定的改变，以便适应新的情境，这就是顺应。学生对事物的理解不是由事物自己决定的，信息若要被人理解，则依赖于个体原有的知识经验，不同的人会建构不同的意义。在学习的过程中，学习者不是在记忆别人的知识，而是在作为一个积极的思考者建构自己的知识，所以教师在教知识的过程中首先要考虑在学生已有的知识中找到新知识的生长点。教师在授课的过程中，要根据艾滨浩斯的记忆规律去帮助学生记住学过的知识。在识记一个有意义的材料时，只有反复学习七遍才能把短时记忆变成长时记忆。而且要在学生没忘的情况下进行反复。

根据以上两种学习理论，我们的教师在教学过程中要注意以下几点：

一、展示情境

知识存在于具体的可感知的情境性活动之中，只有通过实际应用活动知识才能真正被理解。在我们的教学中，应该把所学的知识与一定的真实情境任务联系起来，让学生在情境中理解消化所学的知识。比如在外语教学中，在学名词时展示实物，学动词时展现动作，学形容词、副词时进行状态描述，学生在记忆的时候，直接在脑海里想象实物、动作或状态，这样就省略了学生二次记汉语的过程。通过情境的方法，教师能直接展示语言，学生能直观学习语言，是构建知识非常好的方法。我们在教学中不在于教知识，而是在于以什么样的方式教知识。

二、利用记忆规律进行科学反复

根据艾滨浩斯的记忆规律，有一定意义的材料在没忘的情况下，反复七次短时记忆就能变为长时记忆。所以教师在教学过程中要根据记忆规律进行科学的反复。比如在教 The father was lonely and often became angry because of the noisy children. 时，教师需展示一个孤独的父亲，周围有一群哭闹的孩子。在讲新知识点之前，要把学过的知识点如父亲是 was lonely，孩子是 noisy children，进行反复，然后再讲新知识点 because of 的用法。用这样的方法不仅使学生复习了知识，更重要的是，带领学生学会了这种科学的方法。学生在课后复习时就会用这种方法进行科学的反复。学生在复习当天所学的课程之前，要用十分钟或二十分钟的时间对前几天所学的功课在没忘记的时候进行反复。知识在没忘记的情况下只需几分钟进行巩固。这种巩固是有必要的，因为它是根据记忆规律进行的，是在通过反复把短时记忆变成长时记忆。

三、教师要采用任务型教学来促进学生消化理解知识

教师要设计一些能在活动中应用所学知识的任务，因为知识在任务中才会被激活。问题解决是人类思维的典型形式，当学生围绕实际的问题进行分析和解决的时候，也就调动了他们的高水平思维。根据建构主义理论，当学生遇到问题进行分析时，教师

可以提供引导和帮助，让学生去思考、去尝试、去合作探究，让学生在理解新知识的前提下将新的知识和已有的经验相结合，再经过分析、推理、综合，解决当前所遇到的问题。在解决这一问题的过程中，新旧知识结合形成新的知识结构。

四、教师要时刻关注学生的理解程度

教师不仅要有很强的表达能力，而且要有强大的观察和理解能力，要观察和掌握学生理解知识到了怎样的程度。有些学生不能一次性真正深入地理解知识，教师通过和学生进行沟通和交流了解学生是否真正掌握了知识。学生表面的回答，往往不能反映真正的理解程度，一般情况下只是浅层的理解。繁重的课程驱使许多教师加快速度，除了传统的单元结束测验，教师对学生理解程度的检查草率了事。教师只考虑接受能力快的学生，而无暇顾及另外那些反应较慢的学生，以至于后者更加落后。许多落后的学生更加不关心学习。比如，在英语学习中有部分学生能讲出知识点，但却做不对含相应知识点的题。这说明他们没有真正掌握知识点，需要老师的再次讲解和他们的反复记忆。老师要及时了解他们掌握知识的实际状况，才能据此来调节讲课的速度和反复的次数。

许多教师和学生认为，老师讲了，学生听了，记住了老师讲的概念、规则和方法策略，就能理解和掌握所学的内容了。其实不是这样的，真正的理解和掌握需要学习者把新接受的知识和已往的知识联系起来，建构新的知识结构。如果学习者能很好地生成这种知识间的联系，就能形成更深的理解。

五、学生自主学习能力的培养

根据建构主义学习理论，学生学习知识不是被灌输的，而是学生主动建构的，所以我们的教学目标应是使学生成为独立的、自主的学习者。如何能使学生成为自主的学习者？首先，要让学生参与制定班级和课堂行为的规则，使学生成为班级的主人，有事情发生时他们会以主人的身份来做决定并有决策权，以此营造比较宽松的环境。当然，教师要训练他们如何决定和使用权力。其实，让学生一起制定课堂方针和规范，他们会更愿意遵守这些规范。这样可避免同学们觉得老师在发号施令，或有逆反心理。其次，让学生学会进行自我评价或同学之间的互评。每隔一段时间让学生对自己的学习和纪律情况进行自我剖析或互评。只有自己意识到的问题，自己才能改正，才能自我约束，直至形成好的纪律和学习习惯。

在学生养成好的习惯的同时，要把学生培养成为学习的主人，其主要表现为：学习目的明确，有比较远大的理想，学习积极性、主动性强；知道每天每月学哪些内容，知道选择适合自己的学习方法；听课注意力集中，自习效率高，课余时间有计划内的实事可做。要想将学生培养成这样，教师就要教会学生从预习到上课听课再到课后复习等一系列的学习方法。第一，让学生在放假期间就把整本书预习出来，以语言话题为脉络，让学生列出围绕某一语言话题要运用的语言，使学生在句子中记忆单词和知识点。这样做能使学生了解并把握书的整体脉络。第二，在课堂上首先让学生把课本中体现的知识点画上，总结这个词所学过的以往的知识点是什么，让学生把知识点成串地进行记忆。自己归纳不全面的同学，进行小组讨论互相补充，或由老师进行归纳总结。第三，学完一个单元，让学生从单元的话题角度进行分析，把整个单元用话题线索连起来。展开这一话题要运用哪些语言，这些语言有哪些知识点，然后将这些知识点和以前的知识连起来成串记忆，这样这一单元的知识体系图就出来了。用了上述方法的学生不仅有好的学习习惯，更有好的学习方法。

对于一线教师，我们要在教学中多思考，多看教育理论的书籍，以便在教学中能依据科学的教育教学理论方法来指导我们的教学，使我们的教学能够有法可依，并能创造出更多更好的实践教学方法。

以学习目标为依托进行分层次教学

英语课本和英语参考书是按照知识的逻辑顺序进行编写的，没有按知识的深浅进行分层。在一堂课上学生不知道将要学什么，学困生一堂课下来一头雾水。在这种情况下，设定学习目标十分必要。把学生分出 A、B、C 三个层次，学习目标也分出层次。让不同学习能力的学生，掌握不同层次的知识，这样就解决了分层次教学的问题。

传统的课堂模式是教师按照课本、教学参考书的逻辑顺序来教授知识。由于学生的学习习惯、学习能力、思维能力、记忆能力、恒心和毅力都各不相同，一刀切地让学生把所有的知识都学会是不现实也不科学的。

孔子提出因材施教，但面对五十个学生，如果没有把学生分清楚、了解清楚，怎么能因材施教？因此，把每一章节的知识和学习目标按学生的知识掌握程度进行分层就至关重要。

一、把学生进行科学的分层

把全班同学根据学生的学习成绩、性格特点、能力强弱来进行分组，每六人一组。A、B、C 三个层次各两名同学。A 层是成绩较好的同学，B 层是中等同学，C 层是学困生。同组同学要建立友好互助的伙伴关系。他们之间的帮助、激励、合作以及督促都是非常重要的。组和组之间是竞争的关系，这种关系是和平共处、合作共赢的关系，对手越强大，才能锻炼自我更强大。

二、要设定科学的学习目标

教师经过对每节课知识的梳理，罗列出学习目标。学习目标是分层次的。在上课前，老师把学习目标写在黑板上，以便学生能时时对照目标进行学习，知道自己要掌握什么，掌握到什么程度。对学习目标的制定要遵循以下几个原则：

1. 学习目标的设定要由浅入深

对于外语教学而言，由浅入深的学习目标分别是单词的记忆、基本知识点和句型的掌握，能用本单元的语言话题做事情，最后是能用本单元的语言话题写作文。对于学困生来说，记忆单词是最困难的。为解决这一问题要采取情境法，在脑海中想象画面来进行记忆，避免记忆中间环节。课堂上，也要把单词的教授作为重点，用 PPT 展示物品的画面。

教师应该更多地关注学生的学习过程，也就是更多地关注学，而不是教。关注学生的思维。学习目标的分层要与 A、B、C 三个层次的学生对应上，使每个层次的学生都能完成相应层次的学习目标。

2. 在设定学习目标时，要考虑完成这一学习目标要实现哪些指标

学习目标是指学生要掌握的知识，而实现的指标是在完成目标的过程中的学习策略和方法，以及一步步要完成的任务或成果。

例如：学习目标为掌握一般现在时。实现的指标分别为：

（1）掌握主语是非单数第三人称的肯定句、否定句和一般疑

问句的句式。

（2）掌握主语是单数第三人称的肯定句、否定句和一般疑问句的句式。

（3）同伴之间能够相互讲解一般现在时。

（4）同伴之间能够用一般现在时谈论每天所做的事情。

（5）能够阅读一般现在时的篇目。

（6）能够用一般现在时写作文。

学生实现这些指标后，让学生用"能"来表述完成学习目标的情况。

如：我能掌握主语是单数第三人称的肯定句、否定句和一般疑问句。用这种表述的方式使学生反思自己是否学会了一般现在时，是否深刻理解了一般现在时，是否能应用一般现在时。

3. 不同层次的学生完成不同层次的学习目标

根据学习目标的难易程度，不同层次的学生完成不同层次的学习目标，目标清晰明朗，便于学生对照掌握。这样学困生只要掌握基本知识和基本技能就足够了，只要能升入高中，不要对他们要求过高，以免其厌学。而教师对尖子生就要提出更高的要求，以使尖子生能够在原有基础上有所提升。老师把知识按学习目标分出层次，使学生能找到努力方向和与其程度相匹配的知识。

4. 在确定学习目标时，要设计一些活动帮助完成学习目标

这些活动是有意义的。通过设计活动或任务，让学生用学到的知识来做事情。通过做事情，能让死记硬背的知识变成活学活用的知识，加深了学生对知识的理解。

例如：在学生学过 How to learn English 后，让学生阐述 How to learn new words？ How to listen English？ How to read? How to write？经过不同层次学生的发言发现学生从开始生硬地背诵英语课文到最终变成流畅地表达自己的体会和感受。教师也可以组织学生用英语进行一次英语学习方法研讨会。

在学习 section A2d 的情景对话时，对于不同层次的学生要求是不同的。对 C 层同学，要求能够掌握基本知识点。通过探究案中给出涵盖知识点的句子，让学生进行观察找出知识点。而非教师讲述，学生记忆。经过学生思考得出的结论，更容易记忆，还能锻炼学生的思维能力，提升学生学习外语的兴趣。对 B 层同学，要求他们不仅要掌握基本的知识点，还要掌握句子之间的逻辑关系，而且能够熟练地用英语表达。对 A 层同学的要求就更高了，除了要掌握基本知识点和 2d 中的情景对话，还要把情景进行迁移，迁移到相关类似的环境中，可以和以前的情境进行叠加，扩展语言话题，把单一情境变成复杂情境，提升运用语言的能力。

5. 教学目标的达成，要做好科学的铺垫

根据不同层次学生的知识基础和构建新知识的能力，教师在教同一知识点时，要进行不同的铺垫。对 A 层学生可能仅需一步铺垫，对 C 层同学可能用三步铺垫。这就要求教师对 C 层同学有足够的耐心、爱心，降低对他们的要求，从而使他们不致放弃。

学生是不同的，对每个学生的要求也应该是不同的。通过对教材进行二次开发，设计出不同的学习目标，让不同层次学生掌握不同层次的知识，不仅减少了学困生的数量，而且使优等生能有所拔高，使不同层次的同学都得到成长，这就是教育教学所要达到的目标。

如何提更好的问题

知识重要，学习的过程更重要，如何能把学生的学习过程体现出来，把思维过程体现出来，这就要求教师把关注教转变为关注学生的学，只有这样才能解决学生学习的最根本问题。教师通过提问引领学生的思维，通过关注知识的路径、关注学生思维的路径，把隐性的思维过程凸显出来。

教师不要只关注知识，知识是载体，学生的理解能力和思维能力是我们最终的培养目标。学生对学习最好的参与，就是能够积极思考，思考是学生全身心投入学习的最好标志，所以提更好的问题是培养学生高阶思维的重要手段。如何能提更好的问题是课堂教学的关键。

教师不要只关注知识，一定要关注知识的掌握过程，也就是学生的学习过程。教师通过提问题，把学生的隐性思维变成显性思维。这时，学生的思维也许不能一步到位地达到要求，教师可通过再次追问，搭建思维台阶，把学生的思维由低阶引向高阶。在这个过程中，教师不仅要关注知识，而且要关注学生对知识的理解程度。

一、教师不要只提记忆性的问题

比如：不要问，什么是菱形？

而要问，下面哪些图形是菱形？

"什么是菱形？"是问菱形的定义，是记忆性问题，而"下面哪些图形是菱形？"是需要用菱形的定义去做题，考查的是定义的应用。大部分学生很用功，如果是记一些知识，他们会记得很好，但如果要考查他们对知识的应用，他们往往做不好。所以教师在授课时，设计的问题就要引领学生学会深度思考，要提一些需用定义、公式、定理才能解决的问题。

二、教师可以提让学生表达自己观点的问题

通常的逻辑是："是什么？""为什么？""依据是什么？"

学生为了回答这些问题，需要积极地寻找资料，通过查询得出自己的观点。

例如：不要问，第二次世界大战的起因是什么？

而要问，如果没有希特勒上台，还能有第二次世界大战吗？

或者问，第二次世界大战能不能避免发生？

这样的问题，不仅考查了对第二次世界大战起因的了解，还可能对未来避免战争发生有一定的作用。如果我们的学生将来参与治理国家，或处理外交事务，这样的学习和思考对他们是有益的。

三、教师可以提开放式的问题

开放式的问题能让学生有不同的解决方案，锻炼学生思考问题的深度和广度。

比如：不要问，光合作用是什么？

而要问，你能向不懂的人解释光合作用吗？

如果向别人介绍光合作用，不仅要讲光合作用公式是什么，而且要讲光合作用对我们的影响。这样的问题会使学生感到知识和我们的生活息息相关，我们的生活离不开我们所学的知识。这样的问题能引发学生学习兴趣，激发学生学习动力。

四、不要问这个是……而要问，这个为什么是……

学生要说出答案的来源，要说出根据什么进行的判断。

例如：不要问，这个句子是定语从句吗？

而要问，这个句子为什么是定语从句？

"这个句子是定语从句吗？"只需回答"是"或"不是"。而"为什么是定语从句？"则需要学生运用定语从句的特点，从句子的结构上进行判断，使他们不仅掌握了定语从句的结构特征，而且在把定语从句的各种指标拿到句子中衡量时，锻炼了学生利用多个条件去对比判断的能力。

五、答案重要，得出答案的过程更重要

这样的问题更适合理科知识，因为更关注思维的连贯性。教师给出一道数理化的题，要求学生写出整个解题步骤。步骤就是

学生解题的思路，思路应该是环环相扣的。

例如：不要问，100 的 1/5 是多少？

而要问，你是如何计算 100 的 1/5 是多少的？

解决这样问题的一个好办法就是让学生讲题，尤其是先让优等生给全班讲。必要时可以利用小组合作，让学困生给优等生讲。在讲的过程中要说出每一个步骤。这是锻炼学生思维能力的极好方法。

六、教师所提问题不能一步到位得到答案时，可以继续追问

根据所提问题，学生没有一步到位答对问题时，也就说明没有得到应该得到的知识，这时教师应根据学生的回答及时做出评判，从他的回答中找到信息点，判断学生此时的知识和思维水平所达到的程度，以此为基础进一步提出问题，把学生的思维一步步引导到正确答案上。在这个过程中，教师把原来课堂上学生静静听课时无法发现的隐性思维凸显出来，回答问题的学生需要思考，其他的学生也充满兴趣，教师创造这样的课堂思维环境，有助于学生动脑筋，互相交流自己的想法，把平时爱溜号跟不上老师思路的学生的思维紧紧抓在老师的手中。

七、教师要创设一定的问题情境

根据建构主义理论，知识的建构是在原有知识的基础上进行的，所以所提问题得在原有的知识基础上，通过联系、综合、推理和概括，在新知识和原有知识之间搭建桥梁。教师提问时最好创设一定的问题情境，这样有利于把学生放在情境中，有助于学生把知识迁移到情境里。

例如：如果你是名志愿者，在地震发生时你要做些什么？

如果你是营养专家，在疫情来临时你给大家提供什么样的营养食谱？

如果你是设计师，你如何设计粤港澳大湾区的交通，使它们的往来更加便捷？

八、教师要提通过对比才能回答的问题

通过对比，也能引发学生的深入思考，对比也是强迫思考的学习方式。

例如：外语教师可以拿类似但不同的两幅图，发给两名同学，一名同学用英语说出自己图中所有的物品，另一名同学在自己图中进行寻找，如果相同就回答"yes"，不同时要说出自己的图中画的是什么。通过对比相同和不同，来锻炼学生的表达及思考能力。

例如：阅读有关留学生在国外如何度过中秋节的文章时，教师可以用对比法对比中秋节国内外有何不同。通过对比，学生很快能抓住相同点和不同点，锻炼学生通过对比快速理清文章脉络的能力。

九、教师可以提探究类问题

杜威提出"教育即经验的改造"。经验是人与自然之间的交互作用，人们根据原有经验，拟订一定的活动计划并在活动中实施，从而生成新的经验。

教师经过一个单元的学习后，让学生制作思维导图。学生通过亲自动手制作思维导图将已学知识进行梳理归类。在梳理的过程中，更新原有的经验，建构新的知识系统。

例如：学生在学完课文后，进行课本剧表演。

通过角色扮演，学生能深入课文情境之中，深刻体会当时的社会背景、角色的性格特点，从而掌握课文的语言特色，促进学生对课文的理解。

十、教师所提问题按"是什么？""为什么？""什么时候？""如何？""在哪里？"的逻辑顺序进行

这是一个特定提问的逻辑顺序，这样的问题通常可以用在阅读一篇文章上。教师可以设计一个表格，表格中包含要回答的这几个问题，学生回答完问题，也就抓住了文章的脉络。

十一、教师和学生要学会倾听和交流

学会倾听是学会交流的基础，无论是教师还是学生，首先要倾听对方表达中所包含的思想、理念以及观点。通过倾听，对对方的表达有了概念和认知，然后再根据对方的意思来表达你对事物的看法，以及你对知识的理解。在经常和同伴交流的课堂上，倾听和表达同样重要，在倾听中向同伴学习优点和长处，在表达中提升对事物的理解和认识。

在我国，教师一直把对知识的掌握作为目标，那是短浅的，急功近利的。未来前景无限广阔，没有对思维的培养，学生们将举步维艰。想象力和创造力在未来发展中将会发挥不可限量的作用，所以，教师要把思维能力和创新能力作为培养目标。而以问题为引领是最好的方法。

尖子生的培养

初一入学时，一群小孩像小鸡找妈妈一样，仰着小脸儿围绕着你，当你看到那一张张天真的小脸儿时，心里感到无比欣喜，但同时又觉得肩上的担子很重，如何经过四年的培养把每个孩子都培养成有崇高的理想信念、有较高的公民素养、有良好的行为习惯、有高尚的人格品质的人？又如何能使孩子们形成正确的世界观、人生观和价值观呢？这不仅要求教师刻苦努力，而且需要运用教育智慧。

孩子的性格、思维、品质、能力和家庭不同，使得教师对每个孩子的培养方法也要不尽相同，做到因材施教。一个群体中的学生一般分为尖子生和学困生两种，下面针对如何培养尖子生提出拙见。

一、培养方向

1. 健康高尚的道德品质和良好的行为习惯。
2. 扎实的知识基础和创新思维品质。

二、在思想上培养尖子生

1. 多观察

培养尖子生首先要找出尖子生，尖子生的共同特点是自尊心强，学习目标明确，有良好的学习习惯和科学的学习方法，不服输，不认输，有恒心和毅力，能虚心接受老师提出的学习方法和建议。但这些孩子身上也同样有这样或那样的不足，把尖子生培养得更好是老师的职责。

有的尖子生成绩很好，但性格比较内向，不善言辞。尖子生不能只是成绩好，要培养他与同学交往的能力，否则太过内向的性格会影响他的学习和未来的发展。

有的尖子生过于自信，不虚心接受老师的建议、同学的帮助，这就需要老师细致入微的观察，找到他最明显的错误和毛病，利用开反思会和同学们给写建议信等方式，让他意识到自身的缺点。然后在课后和他交流思想，不要在同学面前批评他，因为这类同学很爱面子。

有的尖子生学习不是特别拔尖儿，而且不自信，但智商情商都很高，这样的孩子是非常难能可贵的，是潜力股。只是他们学习目标还不够明确，自身还不够刻苦，想当尖子生的欲望还不够强烈，这部分学生需要老师的积极引导，使他们认识到自身的价值，帮助他们明确目标，激励他们发挥自身潜能，成为有创造能力的人。

2. 勤交流

观察很重要，但交流更重要。和学生交流时要先谈生活，再谈学习，这样学生会向你敞开心扉。本着真诚之心，站在学生的角度，用他们的眼光，和他们平等交流，聆听他们的心声，和他们平等相处。只有这样，你的话才能被学生听进去，你的话才能在他的内心起作用，否则就是无效的说教。

3. 善思索

世上没有完全一样的两个人，对不同的学生要采取不同的教育策略。尖子生也各不相同，教师要从他们的行为表象分析出他们的内在心理。具体采取什么样的方法，这就要求教师在开口说话之前思索好，否则起不到应有的教育作用。

4. 会总结

教师利用小组评价，每周进行一次反思会，教师通过学生的总结，因势利导，教育他们学会尊重，关心他人，团结友爱，互相帮助；教会学生正确处理自我与他人、个人与集体、自由与纪律的关系；告诉他们做人做事的原则和方法，提高合作、参与、交往的能力；培养他们乐观、豁达、积极向上的性格，形成对自己的学习、对班级强烈的责任担当精神。

5. 懂放手

尖子生的学习能力很强，教师应该在宏观指导下适当放手，给他们宽松的时间，给他们适当的困难，给他们有挑战性的问题，让他们去思考、去选择、去竞争、去发展。

6. 相促进

尖子生对班级风气的形成起着重要的作用，要发挥他们的辐射带领作用。自然界中有这样一种现象，当一株植物单独生长时，显得矮小，而与众多同类植物一起生长时，则根深叶茂，生机盎然，这就是共生效应。教师不仅要思考，还要采取切实的举措。如：组建"尖子生微信群"，利用这一平台，让尖子生互相交流学习，比学赶帮，互相促进。

7. 多阅读

托尔斯泰说："理想的书籍是智慧的钥匙。"教师要让尖子生多读一些课外文章，每天读一点，哪怕是一个小段落。当然，教师要挑选一些符合学生年龄特点的读物。

8. 家校协作

尖子生的培养不仅仅是老师的责任，更需要家长的配合。老师要把培养目标、培养计划和措施等告诉家长，让家长心中了然并取得家长的支持配合。尖子生要考出好成绩，不仅要有扎实的基础，过硬的心理素质，思想情绪、饮食健康等都与成绩的发挥密切相关，而这些工作离不开家长的支持配合。所以老师和家长要定期沟通，经常有针对性地做好尖子生的工作，为他们考出好成绩创造一切条件。

三、在学习上指导尖子生

尖子生有很强的学习能力，但他们也是最容易被教师忽视的群体，如何能使尖子生在原有基础上有所提升，是教师必须关注的。所谓教学相长，这对教师也有很大的促进作用。

1. 注重尖子生的思维培养

教师要根据尖子生原有的知识基础和水平来提高每个知识点的难度，在设置学习目标和探究点时，要把本知识点从不同角度进行设置或将几个知识点结合，从而加大知识的难度，培养学生分析问题、解决问题的能力。

对尖子生要留适合他水平的作业，不要留简单抄写。记忆背诵的作业，他们会很快完成，教师要留对他们有挑战性的、促进他们在知识和思维上有提高的作业。

2. 注重尖子生注意力的培养

教师要研究学习是如何发生的，如何去培养孩子的注意力。学生的知识由短时记忆变为长时记忆，是需要记忆策略的，是需要编码加工的，尖子生一般在信息识别与动力驱动方面，是没什么问题的。但教师要在逻辑加工上指导学生，例如，让学生复述一篇英语课文时，不要仅仅停留在知识点和句子这个层面上，教师一定要给出一定的逻辑架构。教师要引导学生构建起整个逻辑框架，在每一框架下，再构建细小的逻辑。把知识按逻辑分出层次，归出类别，这个过程就是加工编码的过程。

四、树立正确的学习价值观

教师不要觉得马虎很正常，不要说"这孩子挺聪明，只是爱马虎"，这样就把孩子引向"马虎是小问题，小毛病，我挺聪明"的误区，让孩子不在乎，相反，还觉得有点小窃喜。这是不正确的。马虎往往是尖子生致命的缺陷，是基础知识不牢的表现。教师在给尖子生面批面改时，会发现他们有很多基础知识掌握不牢，一定要帮他们找出原因，给他们细致入微的建议，让他们只要做就能取得进步。踏实的进步是教师指导到位的结果。

五、培养自主学习能力

自主学习的能力是尖子生必备的学习品质，也是教师必须重视的部分，同时也是不易攻克的难题。我校经过多年的教学研究和实践，提出了"四案一构"课堂模式。

"四案一构"课堂模式最显著的变化就是学生由被动学习转变为自主学习，使学生成为学习的主体。在学习的过程中，学生通过主动思考、交流、探究、讨论、角色扮演、亲自体验、进行实验、实际操作、实地考察、评价反思等一系列方式，成为自主学习者，而老师则变为设计者、引导者、引领者、喊号者和加油站。

教师提出的问题，需要学生用独立思考和合作探究相结合的方式来解决。在学习中，学生通过查询、收集、筛选、组织信息来分析问题、说明问题、解释问题。

在"四案一构"教学模式中，学生利用课堂小结、构建知识网络图、整理笔记、整理错题等方式来提升自我体验、自我设计、自我管理、自我反思、自我评价的能力。

总之，尖子生的培养是一项复杂、系统的工作，需要学校、老师、家长做好方方面面的工作，任何一个环节都不能出问题，只有认识到位，密切协作，扎实有效，才能培养出一批又一批的尖子生。

学困生的提高

学困生在我们每个班级都存在，这部分学生在初一和初二时还能学会一部分知识，到初三有的就完全放弃了。他们的表现是课堂跟不上老师思路，很多知识不会，很难完成作业。学习态度不好，经过教育想学好，也只能坚持一阵子，没有恒心和毅力坚持下去，而且有的还成为纪律隐患。

教师备课任务很重，该教育的学生太多，在我国大班额授课制中，很难关注到每个学生，但学困生始终是最牵扯老师精力的那部分。完不成作业的是他们，小测试不及格的是他们，纪律不好的大多还是他们。如何改变学困生，提高学困生的成绩，是每位教师都要面对的，也是要极力争取的。

一、正视学困生

根据我校的"四案一构"教学模式，每个班级都会把学生分组，每组都有两名C层同学，也就是学困生，他们均匀地分布在各组中，老师在上课时可以有针对性地开展教学。

二、分析学困生产生的原因

每个学困生的产生都是有原因的，有的是智力原因，也就是注意力无法保持长久；有的是家庭原因，父母离异，无人管束；

有的是动手不动脑，课堂上静悄悄地坐着，笔记记得很工整，但就是学不会；有的学生学知识很慢；有的学生没有良好的学习习惯，有想学好的冲动和愿望，但不付诸行动，更不愿意坚持下去，尤其是遇到困难的时候。教师分析出自己班级学困生产生的原因，接下来就要想办法解决。

三、降低对他们的要求

以前老师犯的一个致命错误，就是一刀切地对待每名学生，在知识上老师全讲，要求学生全会，但对于学困生来说这个要求不可能达到。但在"四案一构"模式的课堂教学中，学习目标、探究点、即时练、作业都是分层的，学困生只要掌握相应的知识即可。所以，教师在设定学习目标的时候，既要考虑知识，也要考虑学生，什么层次的学生，掌握什么层次的知识，做好合理的知识分层。

尤其是不能过高要求学困生，要降低对他们的要求，因为他们的原有知识基础差，太难的知识建构不起来。在他们的学习上不怕慢，就怕站，只要他们能学，就是最大的胜利。

例如：英语人教版 Go for it 八年级下册第四单元 Why don't you talk to your parents？ Section A 中，学困生的学习目标是：

1. 熟读本章节的单词。

2. 背熟本章节的单词。

3. 能掌握 study too much、too much homework、too many classes、肯定句 +until 句型、否定句 +until 句型、why don't you...=why not...

4. 能翻译 3A 的课文。

这些要求对学困生来说能完全掌握很不容易，其中最难的可能是背单词，为此我校全体英语教师教授单词时全部用直观教学法，在 PPT 上不直接显示单词的汉语意思，而是用画面来展示该单词的汉语意思，如讲"apple"这一单词时，不显示"苹果"这两个字，而是显示一个苹果的图画。这种情境法使学生对单词意思的理解更加直观。实践证明这种方法效果很好。

四、时时激励，树立信心

只要他们开始学，而且达到他们的学习目标，完成知识点及探究点，教师就要给予鼓励。鼓励时要说清他们付出的努力、坚持下去的精神、认真的态度及作业正确率的攀升等细节，即表扬时一定要细致。

小考和作业教师要亲自批改，而且要面批面改。在面批面改时，教师要对他们取得的进步给予肯定，并耐心地给他们提出建议。建议不要过多，一次一个，这样他们照做就会取得进步。教师要小步走，不能过急或过于宏观，太宏观的指导对学困生没有效果。

在课堂上教师也要关注学生的听课状态和讨论时的参与度。而且较为简单的问题、记忆性的问题都要留给他们，让他们得分。通过给小组争得分数、争得荣誉，得到小组长小组成员的肯定，让他们树立信心。

五、利用自习时间教会他们学习方法

学生在复习环节也存在很大问题，所以我校每个年级都有充足的自习时间。自习时间对每个学生都是有要求的。

他们的复习程序是：

1.复习当天上课所讲内容。先让他们冥想所学的内容，想不出来时再翻书去阅读，读懂弄会，没有弄会的写在练习本上。

2.整理笔记。把探究点中反映出来的知识点记在笔记本上，通过整理笔记复习当天所学知识。

3.整理当天的错题。

4.教师组织讨论，每个人通过小组成员互讲的方式，把没弄会的知识点弄会，如果很多人不会，就让尖子生到前面给全班同学讲解。

5.弄会之后，马上做当天各科的作业。这时作业会做得既快又好。

按这个程序进行复习，学困生会很快取得进步。

六、对他们的要求要缓慢提升

通过对他们降低要求来树立学困生的信心，通过进行学法指导来布置任务让他们知道学什么、如何学。在他们取得进步的同时，一定要缓慢提升对他们的要求，不能急于求成。

教师对学困生的水平一定要做到心中有数。在接下来的学习目标设定和探究点以及作业的布置上才能缓慢提高对他们的要求，使他们逐步由 C 层提升到 B 层同学所应达到的水平。这个过程不能操之过急，要在学困生达到一定水平，并且巩固一段时间后再一步步进行，坡度要放缓，时间要拉长，目标要循序渐进，教师要细心，有耐心。

七、用爱心打动学生

苏霍姆林斯基说，好的孩子人人爱，爱不好的孩子才是真爱。

爱是教育的基础，只有热爱学生，才能教育好学生。教师首先要承认差异，尊重差异，每个孩子都是鲜活的个体，有的孩子成绩好，长大后可能成为科研型人才；有的孩子成绩不好，但能力很强，这样的人到社会上可能会闯出属于自己的一片天地。作为教师的我们，一定要把眼光放在孩子的整个人生中去看待他们，切莫只看成绩，急功近利。

那些学困生更需要老师的关爱，因为他们更脆弱，学生在老师一个真诚的微笑、一句由衷的赞誉、一下轻柔的抚摸中，都会感觉到被重视、被欣赏。教师的这些发自内心的认可和关爱，会给他们无尽的力量。学困生的心靠近了我们，我们也就走进了他们的心里。

八、情感共鸣

在学生身处迷途，寻路而不可得的时候，你能及时给予指点；在学生失群而深感孤独的时候，你能及时给予关怀；在学生犯错，开始深感内疚的时候，你能语重心长地劝告，这所有的举动会在师生间建起一道情感沟通的桥梁。教师要做到"晓之以理，动之以情"，因势利导，使他们感受到老师的关怀、关心和关爱，让他们对老师从"戒心"变为"贴心"，从"疏远"变为"亲近"，从而成为学生心目中的好老师。

九、培养责任心

作为老师，除了教书更要育人，育人一定是在教书之上的职责。责任心无论是对家庭还是对社会，都是一个人最重要的品格。

责任心的培养从参与小组任务开始，学困生也要分给一定的任务，也要让他负责一项工作。这时教师的实时引导就显得尤为重要。

首先，教师通过调动组与组之间的竞争，把小组内的成员全部调动起来，让他们各负其责，为整个组的荣誉而战。开始他们能力弱，可以分给一些较轻的任务作为锻炼。比如：收一项作业，负责检查小组成员的书包是否整洁、坐姿是否端正。这项工作干得很好时，教师要给予表扬。教师的认可会给予学困生莫大的动力。

接下来，可以让他们批英语小考中的单词、语文中的字词、数理化中的公式定理。通过批改别人的小考卷，实现对知识的反复学习。开始会很慢，要少给几张，同时教师和小组长要时时给予鼓励，表扬他们批改得认真负责。对学困生，不要因为他们不行，就不让他们做任何事情，只有让学困生参与到班级的管理之中，才能培养起他们的责任心。

教育无小事，教育需要耐心，需要及时，需要智慧，也需要爱心和宽容。尊重与发展每个学生的个性，发挥他们的特长，会使师生生活在互相尊重、互相理解、互相关爱的大家庭中，教师会有幸福感和自豪感，学生们也能感受到成长的快乐、幸福。教师要尊重差异，让学生们做最好的自己，这才是教师一生的追求。

数学学科导学案的编制

我校从借鉴名校的经验入手，领导深入研究导学案的编制环节和主旨，然后对老师进行分层培训，调动老师的积极性和团队合作共赢的意识，把内容分给各备课组，备课组按章节分给各位老师，经过个人准备后再进行集体教研修改，打造了具有我校教学特色，并且适合本校学生的导学案。导学案按照数学新课程标准的要求，引导学生课前自主预习，课上积极参与，课后主动复习，以"四案一构"为基本核心架构。导学案编排合理，有效使用导学案可以使课堂效率提高，可以让同学们的课前预习和课后巩固有一个凭借，从而大大地提高了学习数学的效率。这凝聚着无数人的心血，它已不仅仅是一份导学案，也是我们对教师行业的一种热爱，对学生的一片热忱。下面就谈谈数学导学案的编写过程。

一、学习目标

制定学习目标要契合本校学生的实际情况，贴合新课标内容以及考试的考点。当学生学完本节课，我们期望学生理解哪些知识，学会哪些方法，达到什么标准，这都是拟定目标时我们要考虑的问题。它是导学案编写的第一步，也是学生上完一节课后教师测评的参照点。

1. 参照新课标，制定"三维"目标。编写的学习目标要符合学情，从学生原有的知识基础出发，按照学生的不同层次，列出不同层次的学习目标。例如，在"一元一次不等式组及其解集"一节中，学习目标制定如下。过程与方法目标：会求其解集。后面的训练案中，我们也设置了相关的目标检测题，并按照 A 层、B 层、C 层设置了不同难度的题。含有分母的不等式组难度会稍微大些。情感态度与价值观目标：让学生感受类比与化归的思想。有的时候一节课的知识点有很多，我们不能全部都列为重点，这时就要有所取舍，提炼更契合考点、更符合学生认知的知识点作为重点。比如：在"圆的切线和性质"一节中，既有基础判定和性质，又有相关计算与证明，但综合考量，重点只有圆的切线的判定。所以学习目标确定得恰当与否至关重要。

2. 提炼每节课的重点、难点，有时还要指出易错点。例如：在一元一次不等式组的解法中，学生已经会解单独的不等式，所以解法方面我们已经完成了一半，重点是要学会找到两个不等式组合在一起时，解集的公共部分是什么。这一点学生容易出错。而且这也是本节课的重点。再如：去括号运算中，重点是掌握去括号法则，同时这也是易错点，有些学生去括号时会忘记变号。而有的课节中，知识点是重点而不是难点。例如：在"几何图形初步"一章，重点是掌握"两点之间，线段最短"这个结论，因为后面的最短路径问题也会用到这个结论，所以它很重要。有的知识点是难点而不是重点。在"算术平方根一节"中，比较大小对学生来说很难，但这不是学习重点，重点是会求一个数的算术平方根。

二、预习案

预习案以学生自学为主。

1.旧知回顾。例如：在"实数"一节中，先回顾有理数的定义，也就是有理数的分类，这为接下来本节课实数的分类奠定了基础。在平方差公式一节中，回顾了多项式与多项式相乘的法则，符号表示为：$(m+b)(n+a)=mn+ma+bn+ba$。这样设计的目的，是在复习上节课知识的基础上，为本节课的平方差的探究学习做好知识准备。在学习平面直角坐标系时，先回忆数轴的定义，以及画数轴时的注意事项，由此类比平面直角坐标系，加深学生印象，温故知新。在学习全等三角形证明方法时，应由一般三角形判定方法"角边角"，推导出特殊三角形判定方法。

2.教材助读。例如：在学习"数据的收集整理与描述直方图"一节，由于其与实际生活联系特别紧密，教材中又有大量的阅读内容，所以读起来津津有味。有的知识点没有那么多文字内容，比较枯燥，除了阅读教材，适当地加一些数学史知识，可以吸引学生，激发他们的学习兴趣。例如："勾股定理"一节中，在讲勾股定理的发现史时可以加入中国古代数学家的发现及证明过程。在平面直角坐标系一节的教学中，引入法国数学家笛卡尔受到了地球经、纬线的启发，创造并建立了平面直角坐标系的故事。或者，在学生预习完教材后，通过问一些简单的问题，检测预习情况。题目不宜太难，以免打击积极性。

3.预习自测。针对预习的内容设置的简单小题，难度要低，题量要少，多以选择题为主，达到学生自我检测的目的即可。比如反比例函数的图像和性质的预习自测题，可以这样编写：给出一个具体的反比例函数，让学生判断其经过哪个象限；反过来，也可以给出一个点的坐标，判断其是否落在已知的反比例函数上。

4.我的疑惑。目的在于帮助学生理清新知障碍，将疑惑写下来，在课堂解决，为学习知识做好铺垫。例如：在"平面直角坐标系"一节中，经过旧知回顾、阅读教材这些过程后，学生对其概念基本掌握，但对于更深层次的拓展，比如象限的划分、坐标如何表示，有的学生会产生疑惑。这些问题可以记录在我的疑惑里，课上通过教师进一步的讲解来掌握。

三、探究案

探究案是导学案的最主要环节，导学案编写是否成功，在于探究案编写得是否科学，是否符合学情。好的探究案既可拓展学生思维，又能激发学生学习兴趣。为此，数学组成员经过反复多次的研究，最终达成一致，将探究案分为探究问题、针对训练、拓展提升、知识整理这几个部分。

1.探究问题。探究的问题是探究案的灵魂，应本着关注学生的差异性为原则，让更多的学生参与教学，使学生深入思考、积极讨论，让 A 层、B 层、C 层的学生在原有基础上有更多发展。

（1）探究的问题要引发学生积极思考。要做到这一点，我们就要让课堂更高效，所以我们提的问题要能让学生积极地思考，从而提高课堂的效率。例如：在"完全平方公式"一节中，如果阅读教材后直接提问"完全平方公式是什么"，那么学生看教材就能直接得出答案。但这样会失去一个记忆的过程，学生不知道公式是怎么得出来的，知识过于生涩，相当于生搬硬套，学完很快会忘记。可以换一种提问方式：给出两个整式乘法的式子，观察式子，并思考如下问题：

问题 1：观察并思考，能否发现其中的规律？

问题 2：原来题中所给的式子都是什么形式，计算所得的结果都是几项？

问题 3：原式第一项和结果第一项有什么关系？

问题 4：所给式子的第二项与计算所得的最后一项是什么关系？

问题 5：计算所得的结果中间项与原题所给式子的关系是什么？

在课堂上组织学生讨论，师生一起归纳，得到完全平方式。这样学起来知识会更灵活，记忆会更牢固。

（2）体现分层教学。探究的问题要富有层次，由浅入深。既尊重了学生的个性化，也体现了因材施教的理念。例如：人教版数学教材第十四章第七节完全公式法因式分解中，学习目标是掌握完全平方和、完全平方差这两个公式，并熟练运用公式进行计算。针对目标，将知识点由浅入深地分为如下三个方面，第一层次是基础性的，即理解完全平方公式。第二层次的学习是掌握完全平方和、完全平方差这两个公式的结构特征，即整式乘法后结果中的每一项与原来式子每一项的区别。第三层次是了解其应用。这部分安排在拓展提升中，主要针对 A 层学生，以习题的方式呈现。例如：若多项式 $x^2 + kx + 16$ 是某个整式的平方，求 k 的值。这道题体现了数学的整体思想和换元的方法。如果多项式 $x^2 + kx + 16$ 是某个整式的平方，那么 $x^2 + kx + 16 = (x \pm 4)^2$，$kx = \pm 8x$，解得 $k = \pm 8$。

（3）探究问题与实际相结合。举身边的例子可以让学生体会到数学有多么重要，并且让知识更富有趣味性。例如：在探究图形怎么样运动才是图形的平移时，可以给学生播放春节联欢晚会经典节目《千手观音》，让学生在艺术的熏陶下，感受数学的美。例如：在"数据的收集整理与描述"一章中，全面调查的方法有很多，并不只限于教材所举的例子，比如网络调查也是一种方法。所以知识是随着社会的发展而不断更新的。与时俱进，才能更好地与实际相结合。

（4）体现以学生为中心。最大限度地让学生参与课堂。例如：人教版第十五章第二节分式的混合运算一节，为了让学生掌握混合运算方法及步骤，提出如下问题：化简下面两个分式。

问题1：$\dfrac{a^2-1}{a^2+4a+4} \div (a+1) \cdot \dfrac{a+2}{a-1}$

问题2：$\dfrac{m^2-n^2}{(m-n)^2} \cdot \left(\dfrac{n-m}{m}\right)^2 \div \dfrac{m+n}{m}$

在这一过程中给予学生充分的时间让其去演算并暴露问题，出错不可怕，改正就好，就怕知错不改。有的学生可能在化简时没有化成最简形式，有的学生压根没记住或者记混完全平方和公式或者平方差公式。能找到问题所在，就能为后面的教学做好铺垫。提供对比材料，帮助学生进步。此外，我们在讨论过程中还引导学生发现并总结多种解题技巧，比如：可以先把除法转化成乘法，再利用公式去化简；或者先用公式把分子分母分解因式，再把除法计算转化成乘法计算，让学生比较哪一个更简单，计算起来更准确。但任何一种方法都不是固定不变的，我们要根据题目的特点，灵活运用方法、技巧解决问题。这样可以锻炼学生的观察能力和思维能力。

2. 针对训练。每一个探究的问题下都有相应的针对训练，题目以基础题为主，数量不宜多，1 至 2 个为宜。例如：学完三边成比例的相似三角形后，出一道针对性的选择题练习：下列哪个三角形与已知三角形相似。

3. 拓展提升。这部分主要给学有余力的学生去完成。例如：不等式与不等式组这一章综合性较强，往往与二元一次方程组结合，出现在分值较高的大题里。所以在学习这一章节时，可以适当提高难度，主要是让 A 层同学来探究。在参与编题的过程中，也要考虑所编写的题目是否多层次多角度锻炼思维能力。

4. 知识整理。

（1）为了让学生总结经验，针对刚学过的知识，在每一个探究点下，我们会将知识点进行归纳总结。在"等腰三角形"一节中，学生在学习了等腰三角形性质后，能根据具体的几何表达，转化为文字表达，这个过程也锻炼了学生的归纳能力。性质一简写成"等边对等角"。性质二简写为"三线合一"。在课堂上让学生获得最大收益、最高效率。

（2）构建知识网络图。在教学中我们发现学生一节课下来有时不能将知识联系起来，从而导致知识断层问题。教研时我们进行不断的反思、不断的研究，在归纳总结下"我的反思"中添加了一项：我的知识网络图。我们在每一课时后都进行了添加，目的是使学生最大限度地理解本节课所学的知识内容，构建知识体系，做到一课一清、一课一明。

四、训练案

在训练案中，习题也按不同难度分层编写，基础题、中等题偏多，难题偏少。例如：在角平分线的判定训练案中有这样几道题。

1. 如图，因为 OP 平分 $\angle AOB$，$PD \perp OA$，$PE \perp OB$，所以 $PD=PE$。依据是角的平分线的性质。

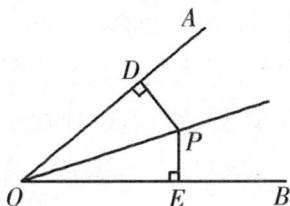

2. 因为点 P 在 $\angle AOB$ 的内部，$PD \perp OA$，$PE \perp OB$，且 $PD=PE$，所以 OP 平分 $\angle AOB$，即 $\angle AOP = \angle BOP$。

3. 如图所示，三条线表示三座相互交叉的立交桥，现要建一个喷泉公园，要求它到三座立交桥的距离相等，则可供选择的地址有（D）

A.1 处　　　　B.2 处　　　　C.3 处　　　　D.4 处

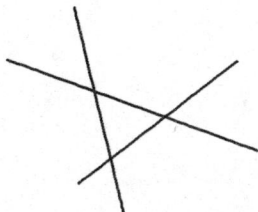

4. 如图，AD 是 $\triangle ABC$ 的角平分线，$DE \perp AB$，$DF \perp AC$，垂足分别是 E、F。连接 EF，EF 与 AD 交于 G，AD 与 EF 垂直平

分吗？证明你的结论。

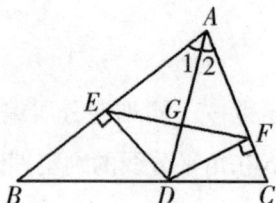

1、2题是简单地利用角平分线性质的知识，布置给C层学生，3、4题这种不太复杂的题目，可以布置给B层，而后面较为复杂的数学问题可以交给A层学生。当然，无论什么题都应该保证学生学会主动解决，杜绝为了完成任务而应付的行为。

以上，就是编写数学导学案的浅显之谈。学生不是机器人，每个学生也是不尽相同，就像是没有一模一样的两个人。总会有同学的预习不尽如人意，一节课下来，也总会有同学还不能很好地掌握本节课的有关内容，因此，我们还要继续修改，继续努力。教师也需要重视学生的个体差异，课后及时补差。

语文学科导学案的编制

我国著名教育学家陶行知说："教育中要防止两种不同的倾向，一种是将教与学的界限完全泯除，否定了教师主导作用的错误倾向；另一种是只管教，不问学生兴趣，不注重学生所提出问题的错误倾向。前一种倾向必然是无计划，随着生活打滚；后一种倾向必然把学生灌输成烧鸭。"这就提醒我们在教学工作中，要发挥教师的主导作用，认真引导和教学，把知识和方法教给学生，并充分调动学生学习的主动性、积极性，让学生认真思考问题，尝试着先自己解决问题，并勇敢地提出问题，和同学老师一起探究问题，并最终解决问题。为了创建高效课堂，我校开展了导学案的编制工作并投入使用，几年的摸索和实践后总结了一些经验并取得可喜的成效。

一、讲读课导学案的编制

讲读课是语文课堂教学的主要内容，而高效的课堂教学需要优秀的导学案。在导学案的十六字口诀中，自主学习是关键，合作探究是核心，练习检查是巩固，评价反思是提高。优秀的导学案必须严格遵循这十六字方针，才能真正地起到提高课堂效率的作用。每个学校材料不同、学情不同，导学案的设计上要有自己的特色，因材施教，才能事半功倍。我们借鉴了许多优秀导学案的设计模式和题型难度，结合自身特点，为学生们制定了适合他们学习和使用的导学案。

我们为学生提供了"四案一构"的导学案学习模式，主要包括五个方面：预习案、探究案、训练案、检测案、知识网络图的构建。

首先，我们先明确了每一课的教学目标。目标是三维目标，包括三个方面：

1. 知识与技能：每门学科的基本知识和基本技能。

2. 过程与方法：让学生了解学科知识形成的过程、"亲历"探究知识的过程；学会发现问题、思考问题、解决问题的方法，学会学习，形成创新精神和实践能力等。

3. 情感、态度和价值观：让学生形成积极的学习态度、健康向上的人生态度，具有科学精神和正确的世界观、人生观、价值观，成为有社会责任感和使命感的社会公民等。

然后我们又根据学习目标明确了学习过程中的重点和难点，让学生在学习过程中有侧重点。

以《鱼我所欲也》为例，我们设计了以下学习目标和重难点。

【学习目标】

1. 知识目标：①积累文言文常用的实词、虚词，扩充文言词汇量，逐步提高文言文阅读能力。

②了解孟子的道德主张，领会文章的思想内涵。

2. 能力目标：①强化朗读训练，品味《孟子》散文的语言特色。

②把握古人运用具体事例、正反对比或比喻说理的方法，理解作者的观点。

3. 情感目标：引导学生正确选择，摒弃一己之私利，将正义、道义放在首位，明辨是非，永葆善良之心，做一个大写的人。

【学习重点】

1. 理解文意，理清论证思路，背诵课文。

2. 掌握本文的论证方法。

【学习难点】

理解"失其本心"中"本心"的内涵，辨析"失其本心"与"舍生取义"的关系，把握本文的主旨。

接下来便是导学案的主体部分。

（一）预习案

我们在每个预习案的开端给学生注明了学法指导，指导学生结合教材助读正确预习课文，结合教材助读提供的作者和写作背景，初步了解作者简介及其写作意图。可结合课本和词典完成预习案，扫清字词障碍，理清课文脉络，提出整体感知的问题。最后，提出我的疑惑，把预习过程中不明白的地方写出来，带着问题听课会更有针对性和积极性。

还以《鱼我所欲也》为例，首先我们先提供古文方面的学习指导，教材助读中提供了孟子的思想主张、生平简介、文题解读等，帮助学生初步了解孟子及其思想，为进一步了解本文主旨奠定了基础。信息链接中的"性善论"有助于学生理解课文中提出的"本性""本心"。《礼记》的选篇讲述了不食嗟来之食的典故，有助于学生理解课文中提到的"蹴尔而与之，乞人不屑也"。整体感知提出了几个关于文章主要内容和中心思想的问题，有助于学生对课文的大意和主旨有整体的概括。预习自测的题，我们根据不同文体设计了不同的题型，除了作者简介、字词、字音等通用题型，我们还设计了翻译句子、理解性默写等题型。学生可以结合课下注释和参考资料，完成相应习题。预习案之后，我们还设计了我的疑问，学生可以把预习过程中不懂的地方写在相应的横线上，留到课堂上解决。

教师通常会把预习案提前布置给学生作为家庭作业，保证学生有充分的时间完成。第二天早上上交后教师及时进行批改总结和问题反馈。发现的问题有时会在课前写在黑板边上，引起所有人的重视，有时会用语言来强调和纠正，使学生当堂改正和识记。

（二）探究案

总结完预习案中出现的问题，老师不会马上布置探究案，而是领着学生回归文本，阅读课文，进一步理解文章大意，初步了解作者在文章中流露出的思想感情。然后让学生在课堂上独立完成探究案的问题。探究案是导学案最关键的部分，在问题设计上，一定要有梯度，由简到难，由浅入深，由整体到局部，由语言到方法。教师在设计问题上一定要集思广益，既要结合文本特点和教学目标及重难点，也要结合学生学情特点，给不同层次的学生设置不用程度的问题，让每个学生都有题可思、有题可做、有题可会。

例如：《故乡》中，我们设计了以下几个问题。

探究点一：

1.这篇小说写故乡，主要是写故乡人的变化。作者主要写了哪两个人的变化？他们有怎样的变化？（从外貌、语言、动作、神态几方面分析）表现了人物怎样的性格特点？

2.根据这些变化分析人物形象特点和变化的原因。

这个探究点设计了两个小问题，第一个小问题比较简单，初读课文学生就能根据作者笔墨花在哪个人物身上最多而找出正确答案——闰土和杨二嫂。根据老师设计的表格，学生可以从外貌、语言、动作、神态方面在原文中找到相应语句，然后挑重点词句填在空中即可完成。第二个小问题需要学生有一定的归纳总结能力，要根据人物的身份和社会地位去考虑他变化的原因，还要结合时代背景去深度挖掘其根本原因。这种题难度中等，学生要通过人物形象变化的表现来分析人物的形象特征。

探究点二：曾经是那样亲密无间的一对小伙伴，现在却变得有了"隔膜"——"我"感到"我们之间已经隔了一层可悲的厚障壁了"。你认为这"可悲的厚障壁"是什么？是什么原因造成的？

这种问题要结合课本，需要引导学生根据人物表面上语言神态的变化来分析，还要根据人物潜在的身份地位来分析，所以很能培养学生深入思考的能力。

探究点三："我"不愿宏儿和水生"如我的辛苦展转而生活"，也不愿他们"如闰土的辛苦麻木而生活"，更不愿他们"如别人的辛苦恣睢而生活"，而希望他们有"新"的生活。展开想象，说说"我"、闰土、别人这三类人的生活是怎样的，"新"生活又是怎样的生活。

这个问题设计得很巧妙。既结合了前面三种人不同的命运遭遇，又对文章主旨有了一个触碰。学生需要站在不同的角度去总结。有了前面两个探究点的积累，学生对三种人的形象特征有了深一层的理解，而对于处在迷茫中的"我"来说，新的生活一定与前三种人有着本质的不同。学生可以结合文本的理解，加上自己大胆的想象，完成此题。

探究点四：分析"我"的人物形象。

这个问题看似简单，但需要学生从多角度去看待和分析，而且要区分出文中的"我"和作者的不同，结合课文和时代背景来全面分析人物形象，这种问题特别适合小组合作探究，集思广益，互相补充，人物形象会更鲜明和丰满。

探究点五：故乡的景色有怎样的变化呢？将描写故乡景物的词语或句子标出来，看看哪些是描写故乡过去的，哪些是描写故乡现在的，哪些是描写故乡未来的，并说说所描写的各个时期的景物特点。从这些变化中看到什么？小说结尾再现记忆中故乡的美丽图画有什么作用？

这里有好几个小问，有的可以结合文本找出相关语句，学生通过认真阅读文章的开头和结尾部分并不难完成。此题主要考查透过现象看本质的问题，通过不同景物的描写和对比，表现出作者对不同时期的故乡不同的思想感情。设计此题目，旨在培养学生观察和思考相结合的能力和对比分析的能力，可谓一题多考，一举多得。

探究点六：概括文章主旨。

最后一个题是全文主旨的概括总结，根据文本的主要内容和对作者思想感情的汇总，认真学完全课的同学不难完成。老师需要提示，在回答问题时要考虑到时代因素。所以看似简单，想完全答对还需要深入思考。

探究点七：作者说，"希望是本无所谓有，无所谓无的。这正如地上的路；其实地上本没有路，走的人多了，也便成了路。"结合课文内容，说说这句话的内涵。并结合社会和人生，以这句话为题，写篇短作文。

这是一道开放性习题，学生先通过前面的逐层分析和老师的归纳总结，理解"路"的双关含义，然后可通过联系社会和人生，进行写作练习，抒发心中的真实感受，使学与练相结合，进一步提高了学生的思考能力和写作能力。

从整个探究案的设计来看，难度逐渐加大，思路逐渐开阔，由课本到课外，重点难点突出，紧扣学习目标，对提高学生的思考和探究能力大有好处。

教师在设计过程中，一定要通过集体备课来探讨，一人设计出初稿，其他老师进行修改和补充，以使设计更完善，最大限度地调动学生的积极性。

探究案在课堂上一般由小组讨论后选代表回答问题，其他学习小组可进行点评和补充，老师再进行归纳总结，学生整理笔记，学生整体积极性高，学习参与度广，知识探究面广，能力提高幅度大。

（三）训练案

训练案的设计要少而精，可当堂训练，也可作为家庭作业。学生可通过教师设计的训练案检测一下自己对本课主要内容的掌握情况。一些重点的文学常识、字词理解、课文内容等方面的知识一目了然。它可以检测学生课上的听讲程度和理解程度，所以老师在批改的时候就可以知道学生有没有认真听和听懂多少了。

（四）检测案

检测案要比训练案题目多些，题型复杂些，难度也会适当加大，除了对文本重难点知识的检测，还会加上课外阅读拓展训练，让学生学会学以致用。检测案一般会独立设计成试卷的形式，在自习课的时候用考试的形式来完成，教师批改后再讲解。所以检测案的设计一定要全面和精练，点面结合，难中易程度要都具备。出题者一定要和同组老师共同商议题的内容和难易程度，让每一张检测案都及时高效地检测出学生们的学习效率。

（五）知识网络图

当导学案的四大板块都完成以后，学生要自己构建知识网络图。当然，也可以在训练案或探究案完成以后，让学生当堂完成知识网络图的构建。刚开始设计网络图时，学生可能不知从何入手，老师可以先给学生示例，让他们模仿和创新，也可以把网络图先设计好一部分，另一部分由学生自己补充。逐渐熟练后，学生就可以独立设计本课的知识网络图了。然后再引导学生设计某一单元或某一专题的知识网络图。这样，学生对知识脉络就有了清晰的概念，方便更好地掌握主要内容并有利于多向拓展，大大地提高了学生的归纳总结能力。

导学案不仅适用于讲读课，还适用于自读课、综合性学习探究活动课、作文课等。

二、自读课导学案的编制

自读课的导学案和讲读课的相比，更为简明扼要。把必须要掌握的知识用三四个直观的问题提出来方便学生思考。学生以读为主，读与思相结合，通过课堂探究完成学习目标。检测案和训练案更为精练一些，多培养学生拓展能力，例如：仿写能力等。例如：《你是人间的四月天》，就可以把读和仿写当作学习的重点，反复诵读，让学生充分感悟到作者对爱的赞叹。通过小组合作探究，理解意象，掌握写诗的"三美"艺术手法，然后用自己的文字去表达心中的爱，学以致用，很好地陶冶了学生的情操。

三、综合性学习导学案的编制

综合性学习活动的导学案，可以先明确学习目标，在预习案中侧重让学生查找和积累相关资料的任务，方便学生课堂讨论和交流展示。如以"月亮的文化"为主题的综合性学习就可以让学生提前查找和月亮有关的诗词、名句、歌曲、名人故事、神话传说等。

在探究案方面，根据重难点设计两三个适合探究和发表独到见解的问题和环节，可以用表演、讨论、辩论、竞赛等形式来完成对该活动主要内容的理解和掌握。例如："戏曲大舞台"综合性学习活动的探究案就可以先和学生欣赏一些戏曲表演，有才艺的学生也可以当堂展示，然后分析不同戏曲艺术的特点，发表你对戏曲喜欢还是不喜欢的态度，并解释理由。再深入讨论中华传统戏曲文化的特点和魅力，中学生应该传承和发扬这些优秀的传统文化。通过多媒体音乐画面的配合，加上老师细致生动的讲解，让学生真正领悟中华艺术瑰宝的魅力，转变他们对传统戏曲文化的态度，引导他们喜爱传统戏曲。

检测案可以省略，训练案可以精要设计一些戏曲知识，以选择和填空的形式考查学生的掌握程度。近年来，中考题面越来越广，综合性学习独立成一大题型，六到八分左右，学生不能忽视平时综合性学习能力的培养，多思考，多说多练。导学案的精巧设计可以提高孩子的综合应用能力和表达能力。

四、写作导学案的编制

作文课的导学案比较特殊，老师一般会根据不同文体设计不同形式的导学案，例如：我们在教学生写议论文时，会先把议论文的文体知识打印在前面，方便学生学习。根据议论文的三要素，让学生明确议论文写作的基本要求，初步掌握议论文写作的基本要领。然后教学生写作议论文的方法，并尝试从模仿开始。以吴晗的《谈骨气》为例，分析该文的论证思路和论证方法。然后教给学生最基本的一事一议的论证思路，让学生仿照例文去写作练习。从选题、选材开始，一步一步指导，然后学会组织材料，按照一定的论证顺序去排列相应材料并进行论证。可以先在课堂上以小组为单位，大家共同完成一篇作文，每个人分工不同，有的负责过渡，有的负责开头引题，有的负责论据论证，有的负责结尾点题。然后各组分别展示合作成果，其他组点评，老师再进行总结。这样既使课堂多了灵动性，也让学生充分地参与到合作写作中去，提高了写作的兴趣。

英国社会学家斯宾塞曾讲过这样一段话："教育中应该尽量鼓励个人发展的过程。应该引导儿童自己进行探讨，自己去推论。给他们讲的应该尽量少些，而引导他们去发现的应该尽量多些。"导学案的设计就是基于新的学生观，真正把学生当作学习的主人。通过导学案，鼓励学生多提问、多思考、多表达，启发学生活跃思维，培养学生的自信心，点燃学生思维的火花，使学生不断提高思维能力和语言表达能力。语文导学案的设计除了面向中考，更要面向学生，面向时代，面向生活，面向社会，让导学案真正成为学生启迪智慧、培养能力的好帮手。

英语学科导学案的编制

　　时代在进步，社会环境推动着所有的事物在不断革新。学校和教师更是革新浪潮中的重要部分。因为教师是人类灵魂的工程师，更是人类文明的传承者。我们承载着传播知识、传播思想、传播真理，塑造灵魂、塑造生命、塑造新人的时代重任。作为新时代的教师，如何适应当下环境，紧跟时代的步伐，高质量地、高效地培养好祖国未来的希望，是我们每一位教师光荣的责任。对于初中英语教学与学习，枯燥的单词背诵和脱离英语语言环境的知识学习已经成为过去。迎来的是全新、创新、用心的教学模式——"四案一构"，即预习案、探究案、训练案、检测案及构建知识网络图。英语组教师通过对"四案一构"教学模式的学习和反复斟酌，形成了纸质版的英语导学案供学生们使用。导学案提倡的是参与—探索—思考—实践的学习方式，这正体现了新课程所倡导的自主、探究、合作、交流的理念。

　　初中英语的特点是教材容量大，东西方文化差异突出，情景创设贴合生活。在编写英语导学案的过程中，教师需要在《英语课程标准》的引领下，深挖教材，适当整合教材，突出教材新颖的特点，并结合学生的认知水平和学习情况，把学习目标、学习内容和探究方法等要素融入学习过程以帮助学生完成自主学习。

我们进行的英语导学案编写与评价策略研究旨在在英语新课标的引领下，立足低重心教学策略，逐步培养学生的自主学习能力和合作探究能力。

为了更好地编制导学案，英语教研组多次召开集体备课，研究学习那些成型的导学案的特点，再结合自身学校的具体学情，编写适合本校学情的导学案。编写导学案的思路如下：

一、学习目标和重难点的设计

歌德曾说过，人生至关重要的是要有远大的目标和达到这个目标的雄心壮志。明确的学习目标是学生学习的关键。学习目标就像是孩子们奔跑的方向，有了方向，孩子们所有的奔跑和努力才真的有意义！然而目标的设定一定要突出重点，言简意赅。教学重点就是学生必须掌握的基础知识与基本技能，也可以称之为学科教学的核心知识。教学的难点是指学生不易理解的知识，或不易掌握的技能技巧。难点不一定是重点，也有些内容既是难点又是重点。难点有时又要根据学生的实际情况来定，同样一个问题在不同班级里不同学生中，不一定都是难点。这些内容每一节课都要设定。

1. 学习目标有三种

（1）Knowledge aims

知识目标是英语教学中的基础，其内容主要包括单词、短语、语法和句型。例如，Do you like bananas? 的知识目标定为：（1）能够正确使用下列词汇：do，don't，does，doesn't，strawberry，like，have，Hamburger，orange，tomato，salad，banana。（2）掌握以下句型：Do you like bananas? Yes，I do./No，I don't.

What do you like?I like.../ I don't like...

又如, I'd like some noodles.的知识目标定为:（1）掌握以下短语: would like to do sth. =want to do sth., a large bowl of, beef and tomato noodles, order food。（2）掌握 would 情态动词的用法。（3）掌握 句型 Would you like sth.? Yes, please./No, thanks.

（2）Ability aims

能力目标是学生通过不断的学习,从而掌握解决问题的方法, 形成自己解决问题的能力。例如, Where is the post office? 的能力目 标设定为:（1）掌握如何问路和给别人指路的能力。（2）如何 借助上下文,完成对陌生单词的猜测。

（3）Emotional aims

情感目标不仅指学习的兴趣、学习的责任,更重要的是有 乐观的生活态度、认真的学习态度和宽容的人生态度,是培养学 生全方面健康发展的方向,尤为重要。教师需要经过深刻思考 后,在本节课的目标中标出。例如,八年级下册五单元 What were you doing when the rainstorm came? 可以提出这样两个情感目标: （1）We should know how to help each other when we face danger and difficulty.（在危险和困难来临时,我们应该知道如何互相帮助。)（2） As a leader, what was Martin Luther King like? Do you feel sorry when you know he was assassinated?（马丁·路德·金是怎样一位黑人领 袖,对于他被人暗杀,你觉得惋惜吗？）这样,在明确的目标下, 学生的学习有了方向。在这种方向的指引下,孩子们可以更好地 自我反思、自己检测。

（4）Key points

教学重点是一节课主要教授的内容,也是学生需掌握的主要内容。例如，Where is the post office? 的重点设定为：（1）there be 句型。（2）where 引导的特殊疑问句的使用方法。（3）方位介词和介词短语 behind，in front of，between...and... 等。

2.Difficult points

难点是不容易被学生理解的知识点。分层教学中，学困生对于这部分内容可暂时不用掌握。例如，Where is the post office? 的难点设定为：（1）pay 与 pay phone 中 pay 的词性。（2）there be 句型中的就近原则。（3）定语和定语后置：a clean park，a small house with an interesting garden。

二、预习案的设计

目标设定之后，接下来是预习案。好的预习案可以充分调动学生的学习兴趣和学习的积极性和主动性。预习案包括单词读音掌握、教材仔细阅读及预后疑问标注。

1. 单词读音掌握

为了方便学生预习，老师会让课代表在自习课前用电脑放新单词新课文的朗读。学生可以先跟听再读，这样读熟单词有助于学生记忆，预习起来也更有效。

2. 教材仔细阅读

学生仔细阅读教材时，导学案会帮助学生一步一步地完成预习过程而不致中断，以使学生逐渐全身心地投入自主学习当中。内容通常是考查单词、短语、课文翻译等内容，形式可以是英汉互译，也可以是单词或短语的填空。但内容一定要明确、简单，不可以超纲，或者超出本节课的所学范围。单词短语部分可以根据学生层次的不同，分层进行要求。对尖子生的要求是，单词、短语要求会读而且会背，而且要在课文所提供的语言环境下熟练运用。对于学困生来说，单词、短语要求会读、会背。课文翻译部分，可以选择分段或者划分重点句子。分层要求避免了学困生因无法自我操作，难度大，记不住，从而想放弃的情况；也避免了尖子生吃不饱，无法达到一定高度的问题。例如，Teenagers should be allowed to choose their own clothes.

A. 翻译下列单词和短语。

（1）证件_____　（2）安全_____

（3）兼职的_____　（4）扎；穿透；刺破_____

（5）耳环_____　（6）闪光灯_____

（7）吸烟；烟_____

B. 翻译下列短语。

（1）be allowed to do_____

（2）go to the shopping center_____

（3）driver's license_____

（4）sixteen-year-olds_____

（5）be worried about your safety_____

（6）have part-time jobs_____

（7）get one's ears pierced_____

（8）choose their own clothes_____

（9）serious enough_____

（10）no way_____

C. 预习课本 P41~P42，翻译下列句子。

（1）16 岁的孩子应该允许穿耳洞。

_____

（2）不应该允许青少年吸烟。

———————————————————————

（3）你认为青少年应该被允许选择自己的衣服吗?

———————————————————————

（4）我认为 16 岁的青少年不应被允许开车。

———————————————————————

（5）父母总是担心我们的安全。

———————————————————————

（6）你认为如果不用闪光灯的话，我们可以被允许拍照吗?

———————————————————————

3. 预后疑问标注

预习案的最后空白处是留给孩子们写出自己的问题的。通常内容为，通过预习，你觉得对于即将学习的这节课你有哪些问题还不清楚，需要进一步学习和了解。这一部分是预习案必不可少的一部分。前一部分是解决学生可以自我解决的问题，后一部分则是需要学生记录下无法自我解决的问题，然后带着问题走进课堂。这样在把课堂学习由被动变主动的同时，也大幅度地提高了孩子们在课堂上的学习效率，使他们在未来的学习中有的放矢。

三、探究案的设计

从某种意义上来说，探究案应该是整个导学案的灵魂部分。因为整节课课堂部分的重点就在探究案部分。探究案主要分为两部分，即探究点和即时练。

探究点是学习的重点。学生通过教师给出的关于探究点的例句，再根据自己的观察、思考和探究，总结出知识点是什么。在探究点的编写过程中，所给例句是至关重要的。首先，句子中尽量不出现生词，即便有，也要压缩到最少。学生可以根据上下句和翻译猜出意思。其次，例句一定要能够突出体现出需要探究的知识点，让学生可以比较轻松地通过所给例句完成接下来对知识点的总结归纳。这一层面的难易度一定要掌握好，探究案中设计的题一定要适合全班九成以上的学生。因为有些人懂了，他还未必会做题，如果连这一部分都不懂，那将无法继续下面的即时练部分。所以编写例句和给出问题的难易程度都是至关重要的，一定要讲究梯度。学生在小组中是分层的，ABC 三层的学生学习能力不同，效果也不一样。小组合作探究会调动每个同学的学习主动性和积极性，学生会在小组长的带动下认真合作探究。大多数学生通常会在小组谈论学习的过程，完成探究案第一部分的填写。填写过程中那些不会的同学，抑或原本就带着预习案中的问题的同学，要积极主动地与本学习小组的组长或其他组员合作探究，然后利用小组的集体力量解决所有问题，做到全员学会探究点内容。例如：

探究点一：

No way! 意为"＿＿＿＿＿＿"，多用于口语中，表示某人不可能做某事或某事不可能发生。

——Can I leave now? 我现在可以离开吗？

——＿＿＿＿＿＿不行！

探究点二：

Sixteen-year-olds should be allowed to get their ears pierced.

1. sixteen-year-olds "＿＿＿＿＿＿"，是＿＿＿＿＿＿词。

在"基数词＋名词（单数）＋形容词"结构中，形容词后加 -s

表示一类人或事物。

Sixteen-year-olds should be allowed to go out at night. 应该允许 16 岁的青少年夜间外出。

拓展：sixteen-year-old 和 sixteen years old

（1）sixteen-year-old "16岁的"，是由"基数词＋名词（单数）＋形容词"构成的复合形容词，在句中通常做定语，修饰名词。

My pen pal is a sixteen-year-old boy. 我的笔友是一个 16 岁的男孩。

（2）sixteen years old "16岁"，用来描述人的年龄，常在句中做 _____ 语。

My brother is sixteen years old. 我哥哥十六岁了。

2. get one's ears pierced 意为"打耳洞"，此处 get 为 _____ 词，相当于 make 和 have，意为"使；让"。"get / have+ 宾语 ＋过去分词"意为"_____"或"_____"。

四、训练案（即时练）的设计

即时练，顾名思义，重在即时性，一定要学会以后马上进行，千万不要拿到课下，抑或几个即时练压在一起完成。如果不能做到即时，那么练的意义也就打了折扣。即时练的编制要做到少而精，每一道题都练到点上，但不要过于重复同一个知识点，因为即时练都在课堂上进行，练的内容太多，会影响整堂课的进度。由于学生的程度不同，在编写即时练的时候，难度仍然不易过大，要以九成以上学生都可以很好掌握为编制标准。例如，

即时练习：

1.（   ）No way！I don't think_____should be allowed

to drive. I am worried about your safety.

    A.fifteen years old   B. fifteen-year-olds

    C.fifteen-year-old   D.fifteen-years-old

2. (   ) You'd better go and_____. It's too long.

你最好去把头发理了。它太长了。

3. (   ) Can I play computer games，mom?

——_____不行！

探究案的重要性在于：

1.实现了课堂主体的转换，成功地将课堂由以师为主，变成了以生为主。把被动学变成了主动学，把被动的记忆变成了主动的理解，把老师的夸夸其谈变成了学生对问题的思考和解答。

2.调动了学生学习的积极性。学习好的同学充分发挥带动作用，将自己会的内容教给不会的同学。在学习效率中，位于金字塔塔尖的最有效的学习便是"教"，因此，尖子生的学习得以提高。而学困生也不会再因为班级人数太多，老师无力经管而被忽略。学困生变得有人经管，并且经管到位，可以做到一对一的讲解、一对一的监管。

3.探究案的步骤安排符合素质教育中关于思维能力的培养，更符合学生高效学习的科学设定。动脑—动嘴—动手，这三步，每一步都是对知识的强化，同时培养了学生的思维能力、表达能力，甚至是沟通协作能力。

4.讲教结合，及时反馈。即时练不仅能让学生动手动脑把所学的知识用起来，同时它也是一面镜子，把过程和结果反馈给老师，也反馈给学生自己。把小的知识点练透，把大的语法、时态分解教。这样无论是学生还是老师，都可以很容易地找出问题所在。哪没学好，哪需要详细讲解，甚至是哪需要继续练习，大大解决了学生明明不会，却说不出，也说不明白自己哪不会的问题。

五、检测案的设计

导学案的最后一部分为检测案。检测案存在的意义在于对本节课所学知识学习效率的检测。训练的编制过务必做到紧扣导学案和当堂所学内容。可以少量复习相关知识，但绝不可以超出所学范围，设计内容也不可以过于宽泛。检测案多用于学生回家后的当天作业，所以题量上一定要做合理的安排。难易程度可以略微加大，让七八成学生觉得难度正常，一两成的学生觉得略微有些困难即可。

六、知识网络图的构建

每学完一单元都要对本单元的语法、句型、重点短语等知识点进行归纳总结，教师可给出框架，让学生自己填充。然后指导学生学会自己归纳分类，独立完成。学完某类语法内容，如不定式句法功能、现在进行时、被动语态、宾语从句、比较级和最高级等，学生也可以进行专项的知识网络图构建，这样可以对知识有一个完整清晰的掌握。

不定式做定词、状语时，注意不定式与修饰词之间的关系，是逻辑上的主谓关系，还是动宾关系，是动宾关系时，不定式应为不及物动词，其后应有必要的介词

to/only to/
in order to/so as to/
such as to...

表事先没有预料到的结果，要放在句子后面

原因状语

目的状语

结果状语

"too...to"结构

否定

be+不定式

"形容词+enough to do"结构

动词+疑问词+不定式

做表语

做状语

肯定

做宾语

做补语

动词+不定式

动词+宾语+不定式

做主语

做定语

不定式句法功能

It's+adj.+for/of sb.+to do

被修饰的词（名词/代词）+不定式

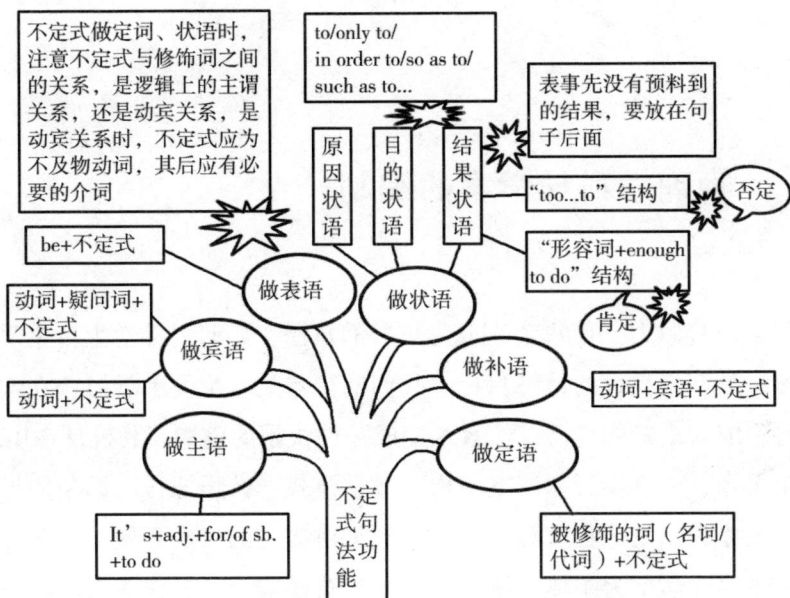

　　英语导学案是小组智慧的结晶，设计导学案的教师一定要认真细心地准备并设计初稿，然后和小组成员共同研讨，并由备课组长审核校对，再由主任审核，最后送去统一印刷。设计者还要把导学案内容放在课件上，方便课上使用。教学过程中出现问题一定要灵活机动地处理。

　　著名教育理论家叶芝曾说过这样一句话："教育不是注满一桶水，而且点燃一把火。"我们精心设计的导学案就像是希望的星星之火，可以充分燃烧学生热爱学习的热情之柴，让学生成为学习的主人，点亮他们自主学习、高效学习的长明灯。

物理学科导学案的编制

    教育致力于使每个人成为更好的自己。如何引导学生自主学习，是基础教育的最终目标。我们期待看见学生爱上学习，在学习中成为更好的自己，使教育变成一件快乐的事情。我校从2012年至今，一直实行"四案一构"教学模式，教师把自己编制的导学案作为我校课程资源，真正做到了对教材的二次开发。以老师为主导、学生为主体，锻炼了学生的自学能力、合作能力、创新能力，使学生整体素质得到提高。"四案一构"教学模式的核心就是导学案的编制，导学案是为指导学生自主学习而根据学生的认知水平编写的，它分为预习案、探究案、即时练、知识网络图和检测案几个部分。物理导学案的编写流程如下：

一、学习目标的制定

    学习目标是学习的预期结果，体现了本节课的重点和难点，也是本节课课堂评价的重要标准。美国著名心理学家和教育学家布卢姆的"掌握学习理论"认为，学生积极的情感特征与他成功地掌握一门课息息相关，让学生知道学习目标，有利于提高学生学习的动力，激发学生学习的自主性。

    学习目标的设置：

    1.要具体。比如在质量和密度这章的第一节质量中，较好的学习目标是会用天平测量质量，较差的学习目标是天平的使用。学习目标要结合学习情境，更加具体化，实现可操作。

2. 要具有可实现性。要使不同层次的学生达到不同层次的学习目标。比如密度的测量这节课应让学生掌握用量筒测液体的体积和测不规则物体的体积，以及熟练运用天平和量筒测量固体、液体的密度。而不是把目标设成"知道""了解"如何用天平和量筒测密度。

3. 重难点要突出。比如在内能这节，重点是改变内能的两种方式，难点是对做功和热传递等效性的理解。学生根据学习目标，了解到本节或本章要学习的主要内容。教师要对学习目标加以解读，讲课时要紧紧地围绕学习目标，并做到紧扣目标。

二、预习案的设置

预习案是导学案的核心，是学生掌握有效学习方法的前提。预习案的编写和设计要合情合理，要符合教学要求和学生实际，符合本节课学生的学习目标。在预习案中设置的内容应尽量以填空的形式出现。预习案的设置还要有梯度，比如密度这一节，对学生来说难度比较大，预习自测多以判断和简单实验为主，让学生从预习中有所收获，同时有所思考。

预习案包括：

1. 知识准备：回顾学过的知识，找到新知识和旧知识之间的联系，为学习新知识奠定基础。比如，探究凸透镜成像规律这节课，就应该回顾凸透镜的三条特殊光线，这是本节课学习的一个前提。

2. 教材助读：学生阅读本节课的内容，收集有用的信息帮助了解本节课所学的知识，为更好地完成学习打好基础。比如，分子热运动这一节设置的问题有扩散现象：

（1）分子之间有空隙吗？

（2）能否直接用肉眼看到分子运动？

（3）你能否解释"公共场所禁止吸烟""墙内开花墙外香"等现象？

（4）请举例说明什么是扩散现象，你能否尽量多举出一些关于扩散的例子。

问题以设疑的方式层层递进。学生可通过阅读教材，获得信息。

3. 预习自测：考查学生的预习情况，多以基础题——填空题为主，题量要小，题型要精。

4. 我的疑问：学始于疑，在预习中有不懂的问题可以写在疑问中。老师可以根据学生的疑问反馈，合理地设置探究问题；学生带着疑问，也能激发课堂学习的兴趣。

这四部分层层递进，既让学生明确了本节课的知识内容，又引领学生做了多方位的思考。

三、探究案的设置

"四案一构"教学模式中最为精华的部分莫过于探究案了，在探究案中，教师应合理地设置探究内容，问题的设置要紧扣教学重难点，同时还要环环相扣。在课堂教学中，教师并不是完全放手的一个状态，教师的作用很关键，教师起到的是一个物理上开关和导线的作用。

探究点的设计主要根据每一节课的教学重难点以及学生在预习中出现的共性问题而设置。探究案的设置要尽量做到精且具有代表性，不宜过多。一般选取本节课的重点难点和需要突破的问题，一堂课以三至四个探究问题为宜，可以是实验问题，也可以是讨论问题，每个探究问题的设置要有时效性，使学生真正地通过讨论达到解决问题的目的。

探究案的设置：

1.要具有普遍性：比如声音的特性这节课，重点是声音的三个特性，知识比较抽象，学生不容易理解，我们在探究案的设置中应以实验为主：（1）用一硬卡片分别快拨和慢拨木梳齿儿，卡片发出的声音高低有什么不同？（2）用细线把乒乓球吊起来，使乒乓球静止在竖直位置，恰好跟音叉的一个叉骨接触，轻敲音叉观察乒乓球被弹开的幅度较大还是较小？重敲呢？乒乓球被弹开的幅度与音叉的振幅有什么关系？让学生在实验中获得知识，既锻炼了学生观察思考的能力，又使问题变得具体化。

2.要具有针对性。如对于 A 层学生，可以在原有探究问题的基础上进行拓展延伸。比如在电流与电压和电阻关系这节，设计完实验电路图可以问：（1）为什么要这样设计？（2）控制的变量和非变量是什么？（3）为什么不能用灯泡代替定值电阻实验？提问由浅入深，一步一步引发学生思考。在实验探究问题中，同样可以做设疑式探究，让学生猜想实验结论，设计实验、观察现象、分析并得出结论，从而培养学生分析问题和解决问题的能力。同时又能巩固重点，突破难点。

在逐步探索中，学生自己发现问题并自己解决问题。学生会感到特别自豪，同时也增加了他们对物理学习的兴趣。学生会认为物理不再是简单枯燥的机械性学习，而是有很多乐趣的学科。要让学生感觉物理就在我们身边。比如，在讲液体压强时将装满水的杯子倒扣，水不会流下来，学生很好奇，带着这份好奇心，慢慢就会有思考这个问题的欲望，这样就很容易教。对一个实验要用多种方法、多种方案进行分析，让学生发挥自己的想象力同时结合已学的物理知识解决出现的问题。例如：在测量串并联电路电流的实验中，不同的组合配了不同的设备，让他们结合已学知识来解决这个问题，以达到实验的目的。

探究案的设计，要围绕教学目标，突出重点和难点，要兼顾教学实际情况和学生水平，使老师们可以因材施教，学生们可以有的放矢。

四、知识网络图的构建

针对这一部分，教师要求学生对本节课的知识有整体的认知和掌握，并且能够自己归纳出本节课的重点，掌握本节课的知识体系，合理地构建自己的知识网络图。这既帮助学生复习了所学的知识，又提高了学生的思维能力。

1.构建知识网络图时，教师要引导学生按知识点之间的内在关联，总结知识点，同时要引导学生总结学习方法。比如，在学习串并联电路电流规律时，要让学生归纳出：（1）实验原理。（2）实验目的。（3）实验器材。（4）实验步骤。（5）实验结论。让学生通过构建知识网络图，弄清楚本节课的重难点。

2.构建知识网络图时，学生要在所学的基础上对教材进行深度开发，找到章与章、节与节之间的联系，进而思考它们之间的内在关系，形成物理思维。比如，在电压这节中，我们通过学习可以找到：（1）电压表使用和电流表使用的相同点和不同点。（2）电压和电流之间的关联和区别。

五、检测案的设置

检测案的设置一定要有针对性，要针对本节课的内容，覆盖的知识面尽量全，内容不要求过深，学生能达到当堂问题当堂清即可。在问题的设置方面除了要具有典型性，同时还要拔高，老师要针对重难点内容进行强化训练，并做到及时批改和讲解。

我们分两部分进行：当堂检测和章节检测。

1. 当堂检测题量要适中，不能太多，以五分钟左右为宜，紧扣学习重点，具有针对性，难度要适中，既要面向全体，又要关注学困生的完成时间。比如在密度这节，典型计算题空实心问题和等体积问题，既是这节的基础题，也是重点题。

2. 章节检测题型要多样，知识点涵盖要全面，难度要有梯度。可以分层次考，这样既可以给优生拔高，又可以激励学困生，做到每个学生都学有所获，也可以激励学生更加努力地学习。同时，教师根据检测的结果可以掌握学生对知识的掌握情况，对错误较多的问题，可以反复练习，及时解决存在的问题。

导学案的编写是所有老师智慧的结晶，一般分为研究、编写、讨论、修改和定稿五个步骤。导学案的编写和使用是一节课成功的关键，它能体现教师的导向作用。导学案是为学生服务的，必须从有利于学生的角度编写，还要符合物理学科特点和初中生的学习思维，根据不同年级的学生和不同课型编制不同的导学案。经历了将近八年时间的不断编写和修改，我校的导学案已经成型，老师们应用得也是得心应手。

在我校新教育教学模式的大力推广下，学生既学到了知识，又锻炼了个人能力，学生各方面的综合能力得到显著提高，实现了全面发展的目标。

化学学科导学案的编制

　　高效课堂是一场对陈旧教学方法的革命，无数的一线教师一直都在探索着。实施高效课堂的过程中，导学案的编写成为核心内容，因为它是教师引导学生自主学习的方案，它使学生真正成为学习的主体。我校汲取先进地区的成功经验，结合我校的实际情况，于2012年提出"四案一构"的教学模式。所谓的"四案一构"就是在编写导学案时体现五大模块，分别是预习案、探究案、当堂训练案、单元检测案、构建知识网络图。根据初中化学学科的特点及学情，集化学教研组所有教师的力量编写了具有我校特色的导学案。下面就谈谈化学导学案编写的过程。

一、学习目标及重点难点

　　"四案一构"教学模式的主体是学生，学生在预习之前要明确本节课学习的三维目标和考查的重点、难点，因为它对学生的预习有指向性提示，也是教学的核心和灵魂，所以导学案的编写需要教师在集体备课时对照课本内容并参考《课程标准》《考试说明》的要求，经过研究讨论，来确定三维目标及重点、难点。

　　1. 知识与技能

　　"知识与技能"目标是基础教育课程的核心，新课程背景下的"知识与技能"不仅要学习基础理论知识，还要重视实验技能的训练，如"实验室制取二氧化碳"这一实验，知识与技能的学习目标定为：（1）掌握制取二氧化碳实验原理、装置选择、操作步骤。（2）学会制取二氧化碳操作及检验和验满方法。有的目标还要求学生在学习中掌握一些化学计算技能及跟化学学习有关的知识。如"利用化学方程式简单计算"的知识与技能目标定为：掌握简单化学方程式计算的步骤及注意事项，并在该基础上进行复杂的计算。

2. 过程与方法

过程与方法的目标要求学生学会学习化学的方法，逐步培养学生实验操作和简单实验设计能力，培养其观察实验现象、分析归纳总结能力，培养他们对学习内容反思评价的能力等。如"空气"的过程与方法目标为：掌握"探究空气中氧气含量"实验的方法和过程，培养观察实验现象、数据分析及解决问题的能力，初步学会设计实验。

3. 情感态度与价值观

初中化学情感态度与价值观是以学生发展为本，使学生形成正确的价值观。具体内容主要有：在教学中培养学生学习化学的兴趣和科学探究精神；培养他们自主学习、团结协作和求实创新的科学态度；关注与化学有关的环境问题，发现化学的作用，增强学习化学的使命感。如"灭火"的情感态度与价值观目标是：（1）通过真实的情景，引起学生对悲惨事件的深切同情，激发学生自觉地探究灭火方法。（2）体会化学知识对人类生产生活做出的重大贡献。再如"空气"第二课时的情感态度与价值观目标为：关心空气污染问题，加强环保意识，养成自觉保护大气环境的习惯。

4. 重点和难点

认真研究课本的内容，"瞻前顾后"，如果一个知识点是后续学习中的基石，是不可或缺的知识，缺失会影响后面的学习实践，那它就是重点。重点对所有学生是一样的，是必须掌握的知识点，如"金属的化学性质"第一课时，经过知识点梳理，确定本节课重点有两个：（1）金属与氧气反应。（后续学习金属锈蚀条件需要氧气和水，而且防止金属锈蚀的原理是隔绝氧气或水，都涉及金属与氧气反应的知识，所以不能缺）（2）金属与酸反应。（金属与酸反应是第十单元"酸的化学性质"学习的基础）

难点是抽象或复杂的知识点（包括概念、原理或方法等），如"原子的结构"，由于原子是微观的，用肉眼看不到原子内部结构，只能靠学生的空间想象力，所以很难理解，就形成了学习难点。有些知识点既是重点又是难点，如在前面说过的"金属与酸反应"，里面蕴含着复杂的问题——所有的金属都能与酸发生反应吗？金属与酸反应都能生成氢气吗？这两点学生很难理解，所以既是重点也是难点。

二、预习案

预习案包括三个部分，分别是知识准备、教材助读和预习自测。

1. 知识准备。在预习案中给学生总结出与本节课有关的已学过的知识点，引导学生去寻求新旧知识之间的联系与区别，体会知识之间是环环相扣的，为新知识的学习做准备。如学习"制取氧气"时，就应回顾氧气的物理和化学性质及常规仪器的使用，它们之间存在的联系是氧气的物理性质决定氧气的收集方法，氧气的化学性质决定氧气的检验和验满方法，发生和收集装置的连接涉及常规仪器的使用。

2. 教材助读，是预习案中的核心内容，编写时要根据学习目标和学情，认真研究教材，分析出哪些内容是学生通过预习自学就能掌握的，将这部分内容以习题的形式展现出来，题型多以填空题为主。让学生带着目的去阅读，用较少的时间帮助学生了解到本节课的基本内容，提高了学习效率。通过基本知识的预习引发学生深刻思考，然后将没弄明白的知识提出来，记录在"我的疑惑"里。

3. 预习自测，就是针对预习的内容设置的简单小题，难度要低，题量要少，多数应以选择题为主，达到学生自我检测的目的。

三、探究案

探究案是老师在课上引导学生自主学习的方案，这是导学案的最核心内容。它包括探究问题、针对训练、拓展延伸等基本要素。这部分不仅突出了学生的主导地位，还是学生独立思考、合作交流、实验探究的基础。

1. 探究问题

探究问题的提出要满足不同层次的学生发展需要，既要有普遍性，又要有针对性和深度，还要紧扣学习目标及重难点。

（1）探究课本中概念性的知识时，要改变提问的方式，引导学生主动思考和探究问题。如学习"元素"时，如果问题是：元素的定义是什么？学生会机械地将课本上的概念读一遍，老师很难判断学生是否真正地理解并掌握了元素概念，所以将探究问题改成：钙元素和镁元素的区别是什么？这时学生会通过对元素概念的理解进行回答，如能正确给出答案，就真正掌握了这个知识点。

这样的提问使死的知识变得更灵活。

（2）有些探究问题要设计一定的情境，让问题能表现出较强的"磁场"，使学生看后产生悬念，激发学生探究知识的欲望。如将二氧化碳气体分别通入等体积的氢氧化钠和氢氧化钙溶液中，通过观察发现只有氢氧化钙溶液中有白色沉淀产生，通过这个现象证明二氧化碳与氢氧化钙发生化学反应；而氢氧化钠溶液中没现象，那么二氧化碳与氢氧化钠发生化学反应了吗？如发生反应，怎么设计实验证明呢？此问题除了告诉学生可以从表面现象判断一个反应的发生外，还激发学生可从反应前后压强差的变化、反应物的消失和新物质的生成角度来探究反应是否发生，挖掘出更深层次的知识。

（3）为了满足 A 层学生学习的需要，探究问题中会出现综合性较强的问题。由于难度较大，学生看后感觉无从下手，所以设计这类问题时要体现层次性和梯度性的原则——提问由浅入深，一步一步引导学生思维的深入。如探究问题：氢氧化钠溶液中哪种微粒能使酚酞试液变红？对于这个问题学生很难直接说出答案。我们可以把问题拆分为四个小问：①氢氧化钠溶液中有哪些微粒？②蒸馏水中有哪些微粒？滴入酚酞试液后出现什么现象？说明什么？③食盐溶液中有哪些微粒？滴入酚酞试液后出现什么现象？说明什么？④氢氧化钠溶液中滴入酚酞试液，有什么现象？你的结论是什么？这样通过问题层层递进，把复杂的问题简单化，最终学生便可通过合作交流得出正确结论：是氢氧化钠溶液中的氢氧根离子使酚酞试液变红。

（4）化学与生活密切相关，因此设计探究问题要从生活经验和生产实际出发，联系生活学化学，使学生感受到化学就在身边，学习化学可以解决生活中的实际问题。如在学习"碳酸钠和碳酸氢钠"这两种盐时，探究问题是：为什么蒸馒头时，用碳酸钠（纯碱）的面团需要发酵，而用碳酸氢钠（小苏打）的面团不需要发酵？想一想，在制作过程中，发生哪些化学反应？面团发酵时，会产生一些有机酸，向其中加入碳酸钠溶液后，蒸出的馒头疏松多孔，这是为什么？为什么用小苏打时，不用发酵，直接加热就可以蒸出疏松多孔的馒头呢？像这样将化学的探究问题放在实际生活中，可使所学知识变得更容易理解和接受，达到事半功倍的效果。

2. 针对训练

针对某个探究点而设计的训练题，是让学生理论联系实践，检验学生对该探究点的掌握程度。设计针对训练时一定要注意题目的难度和针对性，题目以选择题为主，数量以 1~2 个为宜。如学完"过滤"后，出一道针对性的选择题：下列混合物中哪些可以用过滤方法分离？ A. 水和二氧化锰 B. 酒精和水 C. 泥沙和食盐 D. 铁粉和水。

3. 拓展延伸

在初中化学课堂上，为了满足不同层次学生的发展需要，教师会拓展一些与本节课相关的知识内容（如高中知识和生活常识等），来拓宽学生的思路，提升学生的素质。所以在编写探究案时，要有拓展延伸的问题。例如：在讲解"氧化、还原反应"时，拓展高中从化合价升降和电子定义氧化还原反应，来说明初中的定义是狭义的，并举几个化学反应具体说明。还有在讲"燃烧"时，从定义出发提出拓展延伸问题，所有燃烧一定需要氧气吗？让学生查阅资料并说出生活中的实例。

四、当堂检测案

探究完所有问题后，学生可通过当堂训练案中的习题对所学内容进行及时巩固。根据学习内容的需要及课上时间的有限性，当堂检测的习题要少而精、难度适当，题型要典型、有针对性，减轻学生的负担，让学生用最少的时间掌握最多的内容。

五、构建知识网络图

学完一课时或一个单元后，要留出整理空白，培养学生自我归纳总结能力，构建知识网络图。每个知识点都是必须掌握的基础知识，这个所谓的"点"，就是要求学生学习时抓住的学习目标及重难点。但是"点"是零散的，而现在中考注重考查综合能力。所以在掌握"点"的基础上，构建知识网络图，将"点"联系起来变成"网"的学习，才能系统地掌握知识。

1.构建知识网络图时，教师要引导学生，帮助他们弄清知识主干，逐步让他们掌握构建知识网络图的思路。如学习完"常见的酸"时，老师可引导学生从学习目标及学习的重难点内容入手，如酸的定义、常见酸有哪些、主要酸的物理性质及酸的化学性质，进行归纳整理。等到学习"常见的碱"或"常见的盐"时，学生就会想到从这些方面来归纳总结。再如，学习"物理变化和化学变化"时，引导学生从定义、常见的物理和化学变化有哪些、判断物理和化学变化的依据、物理和化学变化的联系和区别等方面来总结，当学到物理性质和化学性质时学生也会想到从这几方面来构建知识网络图。

2.构建知识网络图时，还需要教师引导学生在已有的化学知识基础上进行深层次的挖掘，使学生积极思考，发现化学知识间的内在联系，使知识的学习变得更加系统。如将"离子"和"化合价"进行对比，发现两者所带电荷的电性和数目相同，都与原子的最外层电子数有关，只是书写方式不同；还可以将"离子"与"原子"相联系。再如，将"物质变化和物质性质"对比，总结出变化和性质之间的联系和区别，进一步挖出性质和用途的联系和区别。这就形成一个很有用的知识网络。

因此，构建知识网络图有助于将初中化学多而散的知识点整理归纳在一起，避免学生对知识点的遗漏或混淆，加深学生对知识的记忆和对知识的灵活运用，提高学生的科学素养。

六、单元检测案

学完一个单元后，为了验收学生本单元的掌握情况，在网上或练习册中搜索一些测试题，编写成单元检测案。这样做不仅题型全，还可避免题型的重复，将学生从繁杂的题海中解脱出来，节约了学生宝贵的时间。检测案中的题要具有典型性，难度要有梯度，既要有关于基础知识的简单题，让学困生找到自信，又要有探究及拓展延伸的难题，让学优生"吃得饱"。单元检测案中的题型和当堂训练案中的题型要有交叉点，使学生重复练习，加深印象。

总之，导学案是按教材单元、课时内容设置学习目标、学习重点和难点，以及"四案一构"的模式编写的，这样不仅使学生学习思路清晰，更容易掌握知识，还节约了学生记笔记的时间，方便学生课堂上的使用和日后的保存，在一定程度上减轻了学生的学习负担，使学生将精力集中到对问题的解决和探究上。导学案的编写会根据教学过程中出现的问题及知识更新，在每学期进行完善。

"四案一构"数学课堂模式

　　我校一直把改革传统的教学方式、打造高效课堂、提高教学质量作为教学的核心工作。学校借鉴其他学校教学改革的经验，形成了"四案一构"式的独特教学模式。在学校特色的"导学案"引领下，实施"四案一构"教学模式。四案指预习案、探究案、训练案、检测案，一构指构建知识网络图。以此指导教师开展教学工作，改变学生的学习方式，打造高效课堂，全面提高课堂教学质量。

　　我校构建的"四案一构"课堂教学模式包括"预习案——探究案——训练案——构建知识网络图——检测案"。此模式与传统教学模式比起来，主要体现了两个方面的创新：一是更好地体现了"预习"与"探究"。学生预习时间更多，提高了自学能力，小组探究学习更提高了学生的课堂参与度；二是体现了"导学案"的引领作用。学生以"导学案"为核心，真正做到能学，会学。

　　第一环节：预习案。

　　此环节的目的在于课前预习。学生在课前进行预习时，根据导学案明确学习目标，带着问题对内容进行预习。然后学生自学课本教材，最后完成"预习案"中的有关问题，并把不懂的问题标注下来，在课上听老师讲解。在学生利用"导学案"预习的过程中，要注意两点：一是学生需要自己完成，学生能自己解决的问题一定要自己解决；二是要预习自测，对那些通过预习不理解的问题，要求学生记录在"导学案"空白处，待课堂学习时解决。

在数学课堂教学中，首先需要创设情境，也就是我们常说的"引课"。俗话说："好的开头是成功的一半。"这就告诉我们：每一件事都需要一个良好的开端，数学教学亦不例外。创设有趣的情境是使学生迅速进入学习状态的重要方法。在数学课堂上，创设情境的方式有很多种，有的提问学生复习旧课，有的利用名言警句导入新课，有的用小案例、小故事导入新课，有的利用歌曲、动漫等引导学生主动思考，吸引学生对课堂的注意力，调动学生学习的积极性，使学生带着兴趣进入课堂。创设情境可充分激发学生的学习兴趣，调动学生学习的积极性，进而提高学习效率。

例如，我校数学教师在讲授"圆的周长"时，就引用了阿凡提与国王赛跑的故事。在课堂的一开始，教师简单介绍了阿凡提的生平：他是个智者，一生都在为贫苦人民与权贵做斗争，进而引出他与权贵之间的矛盾。接下来播放教学课件，有一天恶毒的国王提出与阿凡提比赛，阿凡提的小黑驴沿着正方形的路线走，国王的小花驴沿着圆形的路线走，让学生们猜测是谁赢了。然后进一步提问这场比赛对于阿凡提来说公平不公平。学生会思考要想知道比赛公平不公平就要看小花驴和小黑驴走的路程相不相等，然后就要求正方形的周长与圆的周长是否相等，而学生不知道圆的周长计算公式，进而引出本节课。这种方式生动有趣，让学生带着兴趣进入学习状态，提高了对数学学习的兴趣。

我校教师在讲授"圆的面积"一节时，先是播放教学课件——将一只羊拴在一个木桩上，然后问学生它能吃到多大面积的草。学生很快能说出求圆的面积，但是却不知道如何求圆的面积，进而引出课题。生动有趣，学生乐于接受，课堂氛围轻松愉快。

在引出课题后，教师给出本节课的教学目标，学生齐读教学目标，明确本节课需要掌握的内容。在之后的课堂学习中，紧扣目标，并自主检测是否已掌握本节课内容。

例如，我校教师在讲授"有理数"这节内容时，就给出了这样的学习目标：理解有理数的意义，能把给出的有理数按要求分类，以培养学生分类讨论的习惯和正确地对数学相关知识进行分类的能力。这一学习目标简单明确，学生在课堂学习后，可以自行对比学习目标，观察是否已完成目标，对本节课所学知识进行简单回顾。

第二环节：探究案。

在引入新课后，教师提出探究案上的探究问题，学生自行无法解决，根据探究案的问题，进行小组合作交流完成探究案。在完成探究案后，小组要"交流展示"。班级都推行了小组合作学习形式，通过小组合作探究学习方式，促进学生互相帮助。在学生合作探究时，教师在班级里进行巡视，发现有问题的小组及时予以指导与帮助。在完成了探究案内容后，小组交流展示。交流展示主要通过学生说、讲、板演等形式，展示学生在小组合作探究学习过程中的成果。数学课堂的主要形式为学生板演或讲解，教师则在台下倾听、观察，并及时点评指导，台下的学生也要认真听。

例如，本校数学教师在讲授"圆柱的认识"这节课时，提问学生圆柱的侧面展开是什么形状。教师组织学生摸一摸圆柱的模型，猜想一下侧面展开后是什么形状。教师组织学生分小组操作：剪开一个圆柱模型的侧面，再展开观察，得出结果。在小组合作探究后，让学生在讲台上展示成果。大部分学生认为圆柱模型的侧面展开图是长方形，少部分学生认为圆柱模型的侧面展开图是正方形，个别学生认为圆柱模型的侧面展开图是平行四边形。教师继续补充说明还有可能是不规则图形。在探究圆柱的底面与侧面的关系时，亦是通过小组合作探究完成探究案。学生小组合作，说明怎样操作，组长分好工后，再开始操作。学生动手操作，教师巡视指导。在小组合作完成后，教师让小组"交流展示"。对于每个积极展示的学生都予以正面的评价，鼓励学生积极参与。正是这种小组合作探究的方式，让学生成为课堂真正的主人，每个学生都积极地参与到这堂课中，使这节课达到事半功倍的效果。

我校教师在讲解"圆锥的体积"这节课时，采用了小组合作探究的方法。提前通知每个小组准备一个圆柱和一个圆锥，并且这个圆柱与圆锥是等底等高的。

教师提问：既然这两个物体是等底等高的，那么我们就跟求圆柱体积一样，用"底面积 × 高"来求圆锥的体积行不行？

那圆锥的体积大概是圆柱体积的几分之几呢？请同学们猜一猜。

接着，做实验寻找出圆柱体积与圆锥体积之间的关系，验证猜想。请同学们拿出事先准备好的大米，先认真阅读实验报告表，并在小组内分好工，一起操作，由一名同学负责记录。

学生一起实验操作，完成实验报告表并小组交流。

教师又问：谁来展示一下，你们组是怎样做实验的？通过做实验，你们发现它们有什么关系？

学生展示实验过程，将圆锥形物体装满大米然后再将大米倒入圆柱形物体，倒三次刚好装满，证明等底等高的情况下，圆锥的体积是圆柱体积的三分之一。

教师提问：这个小组表现得非常好，那么其他组也是这样的吗？

你能根据刚才我们的实验和课件演示情况，给圆锥的体积写一个公式吗？

学生小组讨论，得出圆锥的体积公式：$V_{锥}=Sh$。

教师提问：同学们，刚才我们得到了圆锥的体积公式，那是不是所有的圆锥体积都是圆柱体积的三分之一呢？（老师拿起一个小圆锥、一个大圆柱）如果老师把这个小圆锥里装满了米，往这个大圆柱里倒，倒三次能倒满吗？（不能）

为什么你们做实验的圆锥里装满了米往圆柱里倒，倒三次就能倒满呢？（因为是等底等高的圆柱体和圆锥体）

老师在体积公式与"等底等高"旁画上重点号。

这节数学课，教师既以小组合作探究的形式引导学生得出实验结论，又采用了演示实验法教学，使得出的数学公式直观易懂，令学生成为课堂的参与者，成为课堂真正的主人，令学生记忆深刻，不易遗忘。此外，教师以问题为引领，启发学生一点点地得出结论，而不是"满堂灌"的形式，启迪了学生思维，提高了学生的逻辑推理能力，使得这节数学课不是枯燥无味的，学生能够体会数学的美感，提高对数学学习的兴趣。

第三环节：训练案。

训练案设计的是与本节知识相关的练习题，学生通过完成训练案来加深对本节知识的理解、运用。然后教师对学生就练习题的完成情况进行检查，并对发现的问题进行分析，改正学生错误之处，指出学生出现错误的原因，给出相应的指导。

例如，在讲授完"有理数"的知识后，学生在课堂上完成训练案，教师通过学生习题的完成情况，以及让学生讲解训练案相应习题，发现学生对有理数的分类模糊不清，对整数、自然数、分数与小数的概念理解不透彻，导致在做相关习题时，出错较多。这时教师需要对相关知识进一步强调，让学生真正理解，以免再出现类似问题时，出现混淆丢分的情况。

第四环节：构建知识网络图。

课堂小结在数学课堂中起到画龙点睛的作用。在数学课堂上，课堂小结采用知识网络图的形式。知识网络图就像是一棵树，数学知识就是树上的叶子，虽然每片叶子都是独立的，但树干把它们连在一起，形成体系。每一节数学课课堂小结时都要把所有知识点进行整合，这样在学生的思维中就构建了完整的知识体系。教师先提问学生本节课学到了什么，令学生有一个回顾的过程，再根据它们的关系用知识网络图的形式表现出来。这样学生学到的知识就是树状的，而不是零散的点状的，学生的记忆会更加牢固，不容易遗忘。画知识网络图时，将每个知识点用一个简单的词语或者短句加以概括、归类和总结，最后用大括号括起来。在画图过程中，多用一些箭头、矩形、椭圆形之类的数学符号，便于记忆。

构建知识网络图，使学生原有的散乱的知识系统化，使学生及时复习巩固了所学内容，有助于学生对学习内容的记忆和理解，提高学生的学习能力。

例如，我校教师在讲解"圆柱的侧面展开图"这节课时，在课堂小结环节就运用了知识网络图的方法。教师首先提问学生本节课你都学到了什么，学生回答这节课学到了圆柱的侧面展开图以及圆柱的侧面展开图与圆柱各部分之间的关系。教师在黑板上板书圆柱的侧面展开图，并继续问圆柱的侧面展开图都是什么图形。学生回答长方形、正方形、平行四边形和不规则图形。教师在刚才所写的圆柱的侧面展开图后画一个大括号，分别写长方形、正方形、平行四边形、不规则图形。教师继续提问，当圆柱的侧面展开图是长方形的时候，那圆柱的侧面展开图与圆柱有什么关系呢？正方形呢？平行四边形呢？学生给出相应答案。教师根据学生的回答在正方形、长方形、平行四边形后画上相应的大括号，并将答案写在相应的括号内。通过知识网络图的构建，学生不仅回顾了本节课所学内容，更将所学内容进行了系统化的学习，深化了记忆，提高了课堂效率。

第五环节：检测案。数学课堂上，学生在学完本节课内容后，需完成导学案中的检测案部分。这部分内容要求学生像考试一样独立完成，以此达到巩固本节课所学知识的目的。检测案完成后，教师了解并分析学生出错的原因，及时予以纠正。

例如，"平行线的性质"这节课，在课堂教学结束后，学生回家自行完成检测案，检验学习成果。教师通过检测案的检查结果，了解学生的掌握情况以及易错点。教师发现学生对于内错角、同旁内角、同位角有所混淆，并且在证明两条直线平行时，不能准确地找到辅助线，导致解题困难。这时，教师及时地在课堂上讲解，对学生错误的知识点进行再一次强化讲解。

"导学案"引领下的"四案一构"教学模式改变了传统的教学模式，提高了学生在课堂上的学习效率，促进了学生的健康发展，数学课堂教学不再是枯燥无味的讲授，而变得趣味横生。

"四案一构"教学模式的数学课堂提高了学生对数学学习的

兴趣，使学生的学习状态发生了根本改变。课堂上，学生学习的积极性高涨，从原来的"要我学习"变成了"我要学习"，学生成为课堂真正的主人。这使数学课堂不再死气沉沉，而是充满了活力与朝气。我们要在继承和发扬传统教学模式的基础上，不断整合和创建新的教学模式，将"四案一构"教学模式发扬光大。

"四案一构"语文课堂模式

一、"四案一构"课堂模式的教育教学理念

新课程标准是我国各地课改工作的风向标。我校在课改大潮中，积极探索，经过多年的课改教学实践，以新课程标准为教育教学理念核心，结合中西方先进的教学理念，借鉴各地的优秀教学模式，根据九中的特点，摸索总结出一套适合九中学生的教学模式，即"四案一构"探究式教学模式。

二、"四案一构"探究式课堂流程

（一）学习目标设置

我校教师在讲教育部编的《义务教育语文教科书》（简称部编版）语文七年级上"散步"一课时，首先从三维目标的设置上强调了学生的主体性，设立了如下目标：

1. 知识与能力：正确地、有感情地朗读课文，整体感知课文内容。

2. 过程与方法：（1）从文本到生活，感受生活，懂得生活中的美好；（2）运用自主、合作、探究的学习方式，品读文章清新质朴的语言。

3. 情感态度与价值观：感受家人之间的爱与责任，用心体悟

亲情、珍爱亲情，做一个富有爱心的人。

整体目标的设置都是以学生为活动主体的，引领学生怎样做、达到怎样的目标。学生自读课文，初步感知情感，然后以小组合作探究的形式自主学习，落实重难点，最后通过同学间的交流及教师的指导，促成彼此的情感共鸣，感悟文中家人之间浓浓的亲情和责任感。这个目标的设置使学生很容易明确本节课自己应该做什么、怎么做，且课后回扣目标时也有据可依。

（二）课前预习

课前预习这一环节有力地锻炼了学生的独立思考能力，课下由学生自己完成。一般语文预习案由作家作品介绍、字音字形、内容大意理解等浅显的基础知识构成。对于文言文可以将词语释义、句子翻译等放在预习案中，学生可以凭借手边的参考书自己完成。这样可以锻炼学生翻译技巧的应用能力。例如，部编版语文八年级下册"桃花源记"一课，在预习案编写时首先要介绍作者及其写作背景，只有这样，才能更好地理解课文内容和作者要表达的深层主旨。其次，将本课的重点实词翻译放进预习案中，要求学生利用书下注解、古汉语词典等完成词语和句子翻译。如此，在课上就能直接了解学生在翻译方面存在什么问题，直接针对问题进行小组讨论，节省了课上的时间，提高了课堂效率。课堂上老师通过提问抽查或以小组为单位汇报预习案等方式检查预习案完成情况，了解学生在预习中存在的问题。同时，小组整合汇报预习案的形式可以促进生生之间的互相学习。

（三）课上探究

课上探究是我校课改"四案一构"教学模式中最重要的一环，也是最能体现新课改精神的一环。为了使教师对课堂进行很好的组织，以保证学生在课上的探究能够有条不紊地展开，我校采用"四案一构"中的探究案来很好地帮助教师做到课堂探究过程组织有序，学生探究有序可循、有纲可依。

1. 以问题为引领，提高探究效率

情境式问题刺激学生思考体验，提高学习自主性。

语文重视感悟的同时也强调很多概念，例如，在语文语法教学中有大量的概念，与其直接告诉学生什么是名词和什么是动词，不如给予他不同类型的各种词汇，创设一个真实问题的情境，让学生自己通过思考找出哪些是名词，哪些是动词，并且自己归纳名词和动词的特点。这样不仅印象更深刻，学生更容易理解，也更锻炼学生的思维能力。学生自己推究出来答案好过教师直接告诉学生最终答案。

2. 引领式问题指引学生思考方向，提高课堂效率

在我校的课堂教学中，教师提前编制探究案，以问题为引领，通过由浅入深的引领式问题，指引学生正确的思考方向，让学生在思考过程中主动直观地体验知识的取得与归纳运用，将定义、思路、方法融会贯通。由浅入深的问题设置既符合学生的学习思维方式，又能够使学生在探究思考的过程中不至于混乱无序。探究案就像一根串珠线，辅助学生在问题的带领下，将知识一线串珠，引领学生抓重点、不跑偏，养成良好的逻辑思维习惯。例如，我校教师在讲部编版语文七年级上册"散步"一课时，在设置问题上采用"内容—语言—主旨"的问题结构，符合常规记叙文的分析思路，使学生日后再遇到同类型的文体时能够有明确的分析思路可参。且问题的设置由浅入深，先从浅层的内容开始提出三个问题：①散步的原因是什么？②散步时一家人发生了什么矛盾？

③这一矛盾最终是如何解决的？这三个问题很好地将文章的内容核心牵引了出来，将长篇的文章化繁为简、化整为零，降低了难度，避免了学生在探究过程中出现整体把握内容时盲目地从全篇入手却反而无从下手的问题。教师设计的有针对性、引领性和启发性的问题，能够更好地帮助学生梳理思路。学生在进行合作探究的过程中也更有针对性更有效率。经过对内容的整体把握和语言的局部分析后，再进入难度较大的主旨方面的分析。此时，经过前两部分的分析铺垫，内容和情感都已经把握得差不多了，再进行主旨归纳就容易多了。

3. 以小组合作及展示形式探究，快速推动课堂转型

在导学案和探究案的问题引领下，以学习目标为主线，以学习小组为主体，结合小组合作探究及展示形式，迅速将课堂转向以学生为主体的新式课堂。学生在教师及导学案的引领下，通过六人学习小组展开讨论交流。每个学习小组由 A、B、C 三个不同层次的学生构成，根据探究问题的难易度分层解决探究案中老师提出的问题，每个人都进行发言，最后由代表归纳总结并向全班做汇报展示。教师在这一过程中给予学生指导，如我校教师在讲部编版语文七年级上"再塑生命的人"一课时，探究案中要求学生概括莎莉文老师的人物形象，此时学生们接触到的对人物形象的概括还不是很多，难免出现不符合中考规范答题要求的情况。那么，此时教师的作用就体现出来了，教师可以指导学生在概括人物形象时要注意抓课文中的描写，回答问题时可以使用"从……中，我看出莎莉文老师是一个……的人"。在教师的指导下，学生就能更好地完成探究和总结。通过这种形式，学生的社会化能力如表达能力、逻辑思维能力、倾听和判断的能力，都能得到极大的锻炼。

在新课程标准重视自主学习的要求下，我校的课改尤其重视小组合作和探究。在"四案一构"探究式教学模式中，通过师生、生生间的交往，学生在合作探究交流的过程中，犹如海纳百川，不仅理解知识，而且能通过吸收其他人的观点和思路来开阔自己的思维，增长见识，学会集思广益。语文是一门工具性与人文性统一的学科，主观性很强，每个人的思路和思考角度都不尽相同。如果仅限于自己的想法，从自己习惯的单一角度去思考问题，往往不够全面甚至误入歧途钻牛角尖。那么，怎样解决语文学习中的这类问题呢？此时我们就可以选用合作探究的形式。所谓"一人计短，二人计长"，在合作探究的过程中，小组的组内交流、组间交流，既有利于在探究中落实基础知识，又锻炼了学生的口语表达能力，同时通过倾听他人的观点丰富了自己的表达和思想，学会多种思考方式和角度，同伴间的情感态度也都在互相影响着。个人没有想到的点，在和同伴的合作交流中能得到相互补充甚至激发全新的观点角度。这种思维的碰撞融合、相互促进，情感态度上的互补，充分地体现了语文的工具性和人文性的统一。我校在课堂上以导学案中探究案的问题为引领，采用小组合作探究的形式开展教学，极有力地推动了向以学生为主体、教师为主导的新型课堂转变的课程改革。

（四）即时训练

语文教学和其他科目一样，也需要在每节课结束之前，教师对所有的知识点讲述完毕之后，以随堂训练的形式对学生进行考查与检测，从而评估学生对本节知识点掌握的牢固程度，并使学生对知识点加深记忆。毕竟老师并不能直接看出本节课每一个孩子对于知识点的掌握程度，而随堂训练既可以检测学生学的情况，还可以检测教师教的情况。语文是一门工具性学科，需要去具体应用，而不仅仅是记住一些生涩难懂的理论和答题思路，因此，课上即时训练可以考查和训练学生对知识的综合应用能力，使学生对本节课内容加深记忆和理解，同时让教师及时发现问题，查缺补漏，提高教学有效性。

我校教师在编写导学案的过程中，也很重视训练案的编写，因为课上时间有限，所以训练案的编写就要求选题要精，要针对本节课的重难点进行巩固加深。在全部授课内容结束或某一知识点讲授完毕后，教师都可以加入有针对性的训练以巩固刚刚讲完的知识点。并且如发现学生有掌握得不好的情况，可以及时解决出现的问题。训练案可以由已完成的学生来展示，其余学生帮助发现问题，营造互学互教、相互促进、相互监督的学习氛围。语文学科在训练案中往往强调以下几方面：基础的字音、字形、词语，本节课的课文重点如人物形象、情节概括、论点概括、语句赏析等。着重强调的是本节课的基础知识。例如：学习完文言文"桃花源记"后，就可以选择一些重点实词（包括特殊用法的实词如古今异义词"妻子""阡陌"或翻译难度大的实词等）、重点句子（如"自云先世避秦时乱，率妻子邑人来此绝境，不复出焉"等）进行考查，同时要考查他们对本篇文章的理解，可以提出如"桃花源是一个怎样的社会？""作者笔下的理想社会有哪些特点？""'遂迷，不复得路'说明了什么？"等基础的对文章理解的问题。学生在做完训练案之后教师要在课上进行即时讲评。讲评时由学生回答训练案问题，其余同学给予纠正，遇到问题时同学间还可以继续互相研究。

（五）课后检测

与课上的即时训练相比，课后的检测要求具有综合性，不仅针对本课的知识，还可以与之前学过的知识相关联，强化课后巩固复习的效果。学生完成检测案，即完成本课从基础到重难点以及中考考点的综合运用训练。检测案的题型及难度都更倾向于中考，例如：可以选择考查本课知识点的中考原题，也可以将本课与之前课文的知识点结合在一起出一道综合题，或对中考原题进行符合本课应掌握情况的改动。课后检测作为作业的一部分，由学生课后去完成，第二节课教师进行讲评，遇到共性问题再进行重点突破。

完成"四案"课前预习—探究导学—训练巩固—检测验收的学习环节后，还要构建知识网络图。

（六）以思维导图形式构建知识网络图

1. 认识思维导图

思维导图也可称为"思想的地图"，有着图文并重的特点。它能够通过关键词、线条、图像、色彩、数字、符号等元素来展现各种信息间的联系，以一个主题为中心，向四周发散展开多个分支。看似发散，实则每个分支都与主题形成关联。思维导图的绘制非常有利于知识的系统化和关联化。

2. 思维导图在语文教学中的优势

语文学科是一门工具性与人文性统一的学科，如果仅仅采用传统的单一线条式结构图、树状图等，很难体现语言文字的美感，也不够生动形象。而思维导图可以充分运用图像与文字、色彩与线条相结合的构建方法，使知识网络图不仅有抽象的关键词，而且有色彩和图像的美感，刺激记忆的同时也有利于语文学科审美意识的培养。例如：《岳阳楼记》中，有明显的因明暗景色影响的悲喜情感的变化，单从文字的叙述很难表现景与情的关系，那么在构建知识网络图的过程中，采用不同色彩，甚至采用不同图画来区分，便更直观，也更好理解。如由"若夫淫雨霏霏，连月不开，阴风怒号，浊浪排空"的景象引发的"去国怀乡，忧谗畏讥，满目萧然，感极而悲"的情感，在进行思维导图构建的时候，用蓝色灰色线条构建分支，旁边标记灰蓝色阴云落雨的简单图案，再配以"悲"的核心词，那么很容易就能由阴云下雨联想到悲的情感，不仅辅助了背诵，还能够自然将景与情对应起来。下一段写明丽的景象对应"喜"的情感，则可以用红色、黄色、橙色等明亮的颜色，很容易使人联系到"喜"这种情感。这样拥有各种丰富构建元素的思维导图，既直观清晰，又生动形象，既能辅助记忆，还能增强美感。

语文学科不同于数理化等理科学科，理科的知识逻辑关联性比较明显，很容易看出，而语文分为基础知识、阅读、作文三大类，其中基础知识方面非常零碎，很难构建相对层级体系比较明确的结构图，那么更为发散的思维导图就很合适了。例如：学习鲁迅的《孔乙己》一文，由《孔乙己》的基础知识可以发散出很多相关知识：以孔乙己为核心词，可以发散想到鲁迅和鲁迅笔下另一个人物长妈妈，再由鲁迅展开文学家、思想家、教育家的分支关键词，再展开到代表作小说《呐喊》《彷徨》、散文集《朝花夕拾》。由《朝花夕拾》发散联想到学过的另一篇课文《阿长与山海经》，而《阿长与山海经》的主人公就是长妈妈，和前面的第一分支再次产生了联系。如此继续发散，可以将我们学过的很多基础知识融汇归纳在一起，并且很容易看出知识之间的关联性。

3.利用思维导图进行知识网络构建，也是学生自主学习的其中一环

我校采用的"四案一构"探究式课堂教学模式中，思维导图

也有自己的一席之地。学生通过构建思维导图对本节课的学习成果进行归纳，也给教师以教学成果的反馈。教师通过用思维导图检测学生的学习成果，既是一种开放性的评估方式，也是对学生知识和能力的综合考查。在本节课结束后，教师可以通过示范指导的形式提示学生构建思维导图的大框，然后学生根据本节课自己的收获，来构建自己的思维导图。自主构建思维导图的过程也是学生自主学习的一部分，这一过程需要学生进行思考、回顾，且思维导图最好由学生独立完成，可以锻炼学生的整合能力。因为思维导图的核心词和分支关键词都是以词或短句的形式展示出来的，这就充分锻炼了学生提取关键信息的能力，也就是如何在比较长的知识点当中快速锁定记忆点和采分点并提取出来。因此，构建思维导图的过程其实是考验和锻炼学生学科综合素养的重要环节。例如：在为部编版语文七年级上册"从百草园到三味书屋"构建思维导图时，因为学生年龄小，构建经验不足，所以采用教师提出主框架，学生自主填写的形式，由教师确定核心词和一级分支，然后由学生根据本节课的知识点进行填充。到八年级九年级时就可以完全由学生自己任选角度确定核心词和分支内容了。

但是，思维导图毕竟不是"万金油"，不可以为了"思维导图"而"思维导图"，而要尊重语文学习规律，根据教学目标、学情，适时利用思维导图这一有效工具，全面提升学生语文综合素质。

综上，我校在课改中实行的"四案一构"探究式课堂模式基于新课程标准要求，符合当下课改大方向。并且经过多年的教学研究，在教学实践中也取得了不错的成绩，对于提高课堂效率、发挥学生学习的自主性起到了明显的效果。

"四案一构"英语课堂模式

在我国，英语无疑是二语习得中最重要的一门语言，而在学习英语的方式中，课堂教学无疑占了相当大的部分。如何让学生们更轻松、更有效地学习英语，下面仅将我校英语课堂的课堂模式用举例的方式展现给大家。

总体来说，我们的课堂教学是有教有学的。首先，我们的课堂采用引导式教学。传统模式的教学，以老师教授知识点，学生被动地填鸭式学习为主，时间一久，有些学生开始对英语产生了厌学情绪，甚至有些学生说他一看见英语单词就想吐。为此，学校在英语语法的教学上提倡教师要引导学生学习而非灌输式学习；在英语单词的学习上强调不要让学生只关注枯燥的文字，要让其脑海中有画面，由图画联想单词。于是，在我校的英语教学中，英语教师们必不可少的重要手段之一就是多媒体，多媒体的运用可以使枯燥的英语单词和语法学习更有趣味性，更加形象化和生动化。我更倾向于在游戏中学习单词，所以在我的英语课堂上，每节课都会有关于词汇的小游戏，可以是最简单的看图猜词，也可以用快速出现的图片考查学生的反应速度，还可以是单词接龙。而这些游戏还可以以个人赛、团体赛的形式进行，可以模仿电视上的综艺节目，比如《一站到底》等。有了这些学单词的游戏，在课堂上学生有兴趣学，教师也更容易教。

同时作为教师，最先要考虑的就是学生的思维模式，因此我们采用师生身份互换的方式来了解学生的思维模式，并且加强了学生在课堂上的自主学习。例如：刚刚小学毕业进入初中校园的孩子们，思维还如小学时一样活跃，想象力也很丰富，他们正处于求知欲旺盛的年龄。而传统的教学模式，毫无疑问地使学生们形成思维定式，随着年龄增长这种情况愈发明显，尤其体现在初四毕业班的学生身上。"我非常喜欢英语"他们会说成"I very like English."而不是"I like English very much."由此可见，母语对其影响之大。为了避免这种情况的发生，我们就要先做到了解学生的思维方式。而了解学生思维模式的方法之一就是师生身份互换，避免教师一言堂，让学生参与授课和处理习题，从学生的方方面面了解学生思维。针对"不同层次的学生有着不同的思维方式"这一观点，采取不同的、大家都可以接受的授课方式。我校在这方面采取以问题引导学生独自思考或小组合作探究得出结论的方式，这样既避免了教师填鸭式教学，又使学生成为课堂的主人。

　　如何了解学生的思维方式呢？有一种直接有效的方法——思维导图。我校利用构建思维导图的方式来帮助学生学习英语。那么何为思维导图呢？思维导图又是如何运用到我校的英语课堂上的呢？

　　思维导图的另一个名字叫心智导图，英语老师通常把它叫作the mind map。人的思维是抽象的，但可以通过思维导图来表达自己的思维。所以它不只是一幅图画，也是一种既简单又有效的用来表达思维的实用性工具。我们所学的或是大脑里储存的知识都是抽象的、零散的，通过使用思维导图，我们可以把抽象的知识具体化，用图案、颜色、节奏甚至是嗅觉、味觉来帮助我们学习，同时把点状知识变成网状知识，更加方便我们记忆。英语单词特别多，在学习单词时我们可以用思维导图来归类，可以利用词根词缀，或一些其他分类方法。例如：在复习单词时，我们可以运用头脑风暴构建思维导图，由 house 这个词联想到 living room，bedroom，kitchen，bathroom，study 等，再由 living room 联想到 sofa，TV 等，由 bedroom 想到 bed，computer，shelf 等，这样把所有相关单词构建成一个知识网，不管是预习还是复习，都会对学生很有帮助。

下面我结合我校英语课堂具体的教学实际分析思维导图的实际效果。教师在课堂教学之前的备课阶段，注重将思维导图运用到教学的各个环节，根据不同的教学情景和环节，灵活运用思维导图，在备课的过程中快速梳理出课程的知识脉络，突出教学过程中的重难点，通过思维导图中不同的色彩和符号帮助学生理解知识并加深记忆。

在课堂导入这一环节，教师可以利用思维导图来进行情景创设，提出当堂课的问题，激发学生的学习欲望和学习英语的兴趣，引导学生对问题进行思考，在课堂小结中根据思维导图所提供的内容进行课程的知识梳理和复习。在我校夏老师的一节英语课上，课程主题是 "I'm going to be a computer scientist." 让我印象最深刻的是，夏老师以 *Be what you want to be* 这首歌曲引入当堂课的学习目标 "What do you want to be when you grow up?" 在这首歌的视频中，所有的职业以动画的形式出现，一下子吸引了所有学生的注意力。

在课堂讲授的过程中，也可以使用思维导图让学生的发散性思维变得形象化。思维导图的表达方式并不单一，我们可以使用图片和关键词以及图形，把学生的思维进行链接。例如：利用思维导图进行"can"的教学，首先可以发散出发音和拼写，这一顺序安排符合英语学习的认知规律；学会读写后要掌握该词的解释，"can"的解释为"能，能够"；掌握读音和解释后要逐步学习用法，在思维导图中开启新的一支——学习具体的用法。按照英语学习的逻辑规律，首先要清楚词性是什么，确定为情态动词后，将其与已知的词进行词性归类。由已知的词引入未知的词，能够帮助学生快速掌握该词的用法。在该词的具体应用下，可以举出具体的句子实例，帮助学生感受该词的用法。由此可以看出，利用思维导图进行教学，能够在符合学习规律的基础上，将知识富有条理性地传达给学生。

我校在英语教学中，科学高效地使用了思维导图，这一方式帮助学生快速明确课上学习目标，激发学生学习兴趣，掌握学习内容，将这些课堂上的内容及时地消化和理解。在课后运用思维导图，对于知识的巩固和复习也有很大帮助。教师应当鼓励学生在课下进行思维导图创作，不仅局限于课堂的思维导图，而且要激发他们的创新能力，并对学生的思维导图进行批改，对创作优秀的思维导图进行班内或年组的展示和总结，以激励学生更愿意进行创新性学习，充分发掘学生身上的闪光点。

在我校的英语课堂上，还有一种特别重要的模式——互动模式。对于英语这门学科，擅长者女孩子较多。很多男生对我说，老师我们不是不喜欢你，而是因为讲课时我们听不懂，没有办法和你进行沟通和互动。那么，我们如何能够建立起良好的师生互动呢？在这方面，我一直相信师生间的互动绝不止存在于课堂上。首先，在课下，我们要给予学生更多的关爱，相互尊重更是不必说。其次，在课堂上，我们要认识到任何学科的课堂都不是教师的一言堂，师生互动是必不可少的。我校的英语教学也是如此，以学生为主体，教师作为主导。互动的目的是使学生从提问时的被动回答变为自发自觉地和老师沟通。这是以情感互动促进师生互动。在师生互动模式的建立过程中，情感互动尤为重要。

师生间除了情感互动，还要进行行为互动。行为互动也就是在课堂上师生是否有着高度的课堂参与度和师生的"高光表现"。在师生互动的过程中要考虑到初中阶段的学生的认知能力，制定他们可以接受的学习方法和相关内容。在传授知识的过程中，不光要让其熟练掌握知识，还要引导学生学会质疑、探索、创新，培养学生的综合能力，真正达到学以致用。

在我国古代，曾有十人长、百人长等职位。而夸美纽斯，这位以自己的教育理论出名的捷克教育家和实践家，在中世纪就教育方面提出了这样一个教育方法：一名教师可能会培养出许多学生，教师一人管理所有学生，费心费力，有时还有照顾不到的地方。所以在学生中也可以设立"十人长"，十人一组，选取一名组长，平时班级工作由组长管理并和老师对接，这样更便于老师管理。这便是最早的设立学习小组的想法。由此可见，分组学习对一个班级的管理及课堂多么重要。我校的学习小组中包含不同性格、不同爱好、不同特长的学生，他们每个人擅长的学科都不同，同一学科里，成绩较好的学生可以帮助知识薄弱的同学，真正做到了组内互补。

除此之外，在课堂上，讲授知识点和语法时，老师们并不是把语法用大段的文字表述传递给学生，而是将例句展示给学生，以问题为引领进行分层教学。让学生根据例句，通过组内讨论找出相应的知识点和语法。同时，不仅组内存在合作关系，小组之间还存在竞争关系，通过小组加分来提高学生们的课堂活跃程度。在每周结束时，由各组组长和组员代表进行这一周的小组总结汇报，通过汇报相互学习，改正不足，争取进步。在汇报时，既有组内自评，也有小组互评。通过指出其他小组的优点及不足，每个小组都能更加优秀。这样所有小组的总和——班集体也会更加向上，有助于班级凝聚力的培养。

小组合作不只适用于英语这一门学科，所有学科都是适用的。我校的创新课堂模式，根据学生的认知水平和能力，将学生划分为若干学习小组，并保证小组间的总体实力均衡。采用小组的方式进行行为互动，可以激发学生的学习积极性，使其对于新知识能够集中注意力去学习，在小组竞争的过程中还可潜移默化地增强学生的荣誉感，促其更好地完成预设目标，激发学生的学习兴趣，以兴趣促进师生互动。师生共同参与的课堂能够创造性地实现教学目标，促进学生由被动学习向主动学习转化，提高英语课堂效率，实现英语教学的最优化。

互动模式中，包含各个方面的互动。英语是一门语言学科，不能仅有笔上功夫，需全面发展。要想提高成绩，既要有输入也要有输出。其中，听和读是输入，说和写是输出。在输入方面，我校的英语教研组实施了课前唱英文歌的环节，每周学习一首新的英文歌曲，内容由浅入深，从儿歌到流行歌曲。也有教师给学生们看奥斯卡最佳动画短片和组织一些英语配音活动。既培养了学生们对英语学习的兴趣，也锻炼了他们的口语表达能力。

在我校的英语课堂上，每节课都会有学生间的 two-two English，学生与学生进行英文对话，围绕当堂课的语言目标来练习口语和语法。可以说，我校的英语课堂真正做到了听说读写相结合。

在授课过程中，教师往往想让学生知道教的是什么，而在我校的英语教学中，教师更注重为什么。每节英语课，老师都会以问题为引领，让学生根据问题共同探讨，进而自己总结知识点或语法。例如，对于初一学生来说，形容词性物主代词和名词性物主代词的关系与区别是一个难点，在讲授这个知识时，老师们并没有告诉学生它们的定义，而是通过把"This is my English book." "The English book is mine." "He lost his pen." "The lost pen is his."这两组例句展现在大屏幕上，让学生们直观地感受到形容词性物主代词与名词性物主代词的区别。随后，在老师的引导下，大家一起总结出名词性物主代词＝形容词性物主代词＋名词，也就不是难事了。我们常说，授人以鱼不如授人以渔，这正是我们教师应做的。通过问题引领学生自主学习的过程，不但学生增长了知识，也锻炼了他们的思维能力和思考方法。可以说，在这方面，我校的方法是经得起时间的考验的。

英语是西方语言，所以在课堂教学上应吸取国外课堂的优点并结合我国的特点改进传统的教学模式。西方的教学模式更注重学生的综合实践能力，他们可以修满学分后根据自身的特长与兴趣爱好选择自己喜欢的专业。虽然这种方式不完全适合中国的教育模式，但我们可以照此来改进中国传统的填鸭式教学。在我国大学的外教课上，就有学生自我展示汇报环节。可以一人为单位，可以小组为单位，选择自己感兴趣的话题作为自己汇报课的讲解内容。我校照此选取了几个班进行课前三分钟汇报展示的环节。除英语课堂外，它还适用于语文课。在英语课的课前三分钟展示环节，每组学生都来展示课前搜集到的英语谜语、谚语、儿歌或外国文化与大家分享。我一直认为，想要学好一门外语，不仅要学习词句、语法，更重要的是这些语言背后的环境与文化。我校做到了在引导学生学习外语的同时，让他们了解和学习语言背后的文化。这种方法应用到课堂上，既增强了学生对英语学习的兴趣，又让学生了解了外国文化，增加了他们的知识储备量。

总而言之，我校英语课堂结构是一个完整的整体，从教学手段的改革到课堂活动的创新，从以学生为主体教师为主导到小组间的竞争与合作。我相信，因为有了各位英语教师的努力和付出，我校的学生会更加热爱学习英语，更加擅长学习英语。

"四案一构"物理课堂模式

以往的课堂，教师在备课的基础上，将知识单方面地传授给学生。在此过程中，学生往往被动接受、死记硬背，再通过大量做题形成刻板印象。针对这种情况，我校建立了由预习案、探究案、训练案、检测案以及构建知识网络图组成的"四案一构"教学模式。教师从备课、明确教学目标、创设教学情境、展开探究学习、对知识的巩固迁移与拓展、构建知识网络及物理实验等方面入手，课堂上利用"四案一构"教学模式，把课堂彻底地还给学生。

现将课堂环节解释如下：

一、从设计预习案开始启发学生思考

以往的学习仅仅是学生们在课上通过老师的教学而机械地去学习，被动地接受新的知识。学生们在上课之前对要学的知识没有自己的理解，也没有自己的思考，更不知道教师的教学思路，学生们是迷茫的，无所适从的。而预习案的设立，解决了以上的问题。

1.首先，通过"预习案"中的学习目标能让学生知道教学目的。教学目标是关于教学将使学生发生何种变化的明确表述，能够对一节课起到导向与调控作用，尤其是学生在课前完成预习案的过程当中，没有教师的参与，教学目标就显得尤为重要。在课堂上我们可以将导学案中的教学目标放在课件中，或者写在黑板右上角，用以提醒学生我们本节课的核心任务，让学生们明确学习目标，不再迷茫。我们的导学案每节课都设有教师们精心准备的学习目标，有了学习目标，就可以产生积极的学习心态。

2.通过"预习案"中设置的问题，可以让学生们提前了解所学内容，对于所学内容有一个自己的想法，这样充分调动了学生的思考，也可以为所学内容"打好提前量"。

①我们以"质量和密度"这节课预习案为例。体积的单位换算，是小学的内容，学生可以在课前去复习体积的单位换算，所以我们设置了体积换算的相应算题。

如：0.08 立方米 =（   ）L=（   ）mL =（   ）立方分米 =（   ）立方厘米

②我们以"摩擦力"这节课的预习案为例。学好摩擦力的前提是弄明白二力平衡还有力的基本概念，所以我们设置了二力平衡的相应计算题。

如：一物体保持匀速直线运动状态，则它（   ）

A. 一定不受外力作用　　B. 一定受到平衡力作用

C. 它受到的合力为零　　D. 无法判断

3.通过预习案，学生们在上课之前对所学内容已有了自己的了解与思考，还能发现自己不理解的知识，在课堂上，就有了自己专注的目标，学习效率大大提高。

以"误差"和"估读"为例，很多学生对于这两个初学知识点并不能透彻地了解，不能理解误差是真实存在的、无法避免的，只能去减少误差，而不能去除误差。更不能理解读数时，为什么要去估读，估读的分度值在哪里。对于这两个教学重点和难点，他们会想方设法去解决，调动了学生学习的积极性。

二、通过设计探究案引发学生深度思考

（一）实验探究往往以创设的情境为背景，以提出的问题为开端，既然是需要探究才能得出的结论显然不会太简单，如果直接抛出一个概括性极高的问题，学生不能直接得到答案，会因此困惑，所以，把概括度高的问题分解为多个层次、多个方面，逐层去启发学生效果会更好些。

新课开始，老师利用多媒体课件、flash、视频短片、实验现象等，引入新课，激发学生们的好奇心，从而去探索知识的奥妙。新课的引入目的是帮助学生产生好奇心，将学生的注意力吸引过来。我们以"分子热运动"这节课的探究案为例。首先拿出一瓶具有味道的84消毒液打开盖，学生闻到消毒水的味道，接下来，学生会根据自身生活经验以及之前所学回答出探究案上的这些问题。在探究案上列出一些问题，例如：

1.消毒液是由什么组成的？学生自然而然地会回答出是由分子构成的。

2.那为什么没有人看见分子？学生回答出分子太小了，我们看不到。

3.阅读书上文字，回答：分子小到什么程度？谁能描述一下呢？学生就会按刚才看书时所得到的知识对分子大小进行描述。

4.大家都闻到消毒液的味道了，可是消毒液在瓶子里，而教室里各个角落的同学都闻到了，这是为什么呢？

5.消毒液的分子在运动，我们每个人也会运动，从家走到学校，

从学校到家，这种物体运动与分子运动又有什么相同点和不同点呢？如果让你给分子运动起一个名字，你会给它起一个什么样的名字呢？

再如，物理八年级下册第七章第三节"重力"探究案中的新课引入是播放宇航员在太空中生活的视频，提问：为什么在太空中失重的情况下人可以任意飞行？为什么水也飘在空中，不向下流？这些情况让学生产生了对重力的好奇心，将对重力的学习自然地展开。通过提问题，提"好问题"的方式引导学生学习本节课的内容，这样就从机械式的记忆引导形成形象直观的认识。

（二）探究点的问题是真正引领学生学习的方向。

这些问题都是教师们经过深度讨论，精心设置的。我们把这些问题设置了难易梯度，让问题由浅入深地指引学生一步步走向学习重点和难点，使深奥难懂的知识一点点地瓦解，最后解决问题，掌握知识点。

我们以"探究电流与电压和电阻的关系"这节课的探究案为例。

探究：电流与电压的关系。

1. 设计电路图，连接实物电路

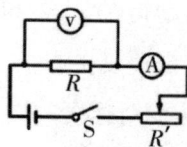
电路图

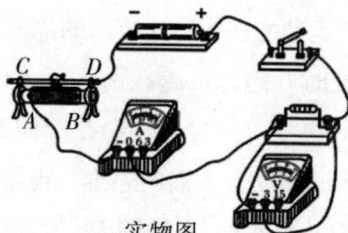
实物图

2. 制作实验表格

当 R=10Ω				
实验次数 / 次	1	2	3	4
电阻两端电压 U/V	5	10	15	20
电阻中的电流 I/A				

3. 实验步骤

当 R=10Ω 时，调节 R 滑，改变 R 两端 U，观察的示数 I=A ，分别记录在表格中。（更换 20Ω 或 30Ω 再次实验）

4. 分析与结论

图像如下：

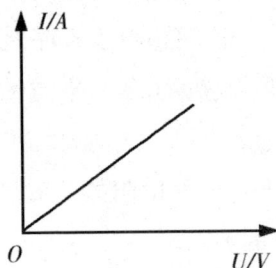

学生得出结论：＿＿＿＿＿＿＿＿＿＿＿＿＿＿＿＿＿＿＿

再如，"运动的快慢"这节课的探究案中第一个问题很简单，就是运动员同时开跑，谁跑在前面就是谁运动得快，这会让学生们考虑运动的快慢。紧接着，第二个问题提出速度的概念，难度有所增加，从而调动学生们的思维，帮助学生们对速度的理解。

自主探究结合小组讨论可以激发学生们合作的意识和开放的视野。我们以"浮沉"这节课的探究案为例。

探究：物体浮沉条件。

1. 上浮、漂浮、悬浮和下沉

将石蜡块、铅块放入清水中，鸡蛋放在一定浓度的盐水中。

实验显示：石蜡块悬浮，铅块全部浸没在液体中，鸡蛋可停留在液体里任何深度（鸡蛋悬浮在盐水中）。

2. 探究：物体的浮沉条件

（1）提出问题：为什么有的物体漂浮，有的物体沉底呢？

（2）受力分析：分析浸没在水中上浮的石蜡块、下沉的铅块、悬浮在盐水中的鸡蛋的受力情况。

（3）归纳总结物体的浮沉条件。

3. 各小组讨论，一个实心物体浸没在水中，物体密度大于／小于／等于液体密度，则物体的浮沉如何

4. 各小组讨论改变物体浮沉状态的方法

合作探究有利于学生们的成长。经过小组合作，有了集体意识，在讨论过程中，学生们相互帮助互补长短。每个人都认真思考课堂问题，自然看法也会有一定的差异，在小组讨论中，各抒己见，大家集思广益，取长补短，合作探究更有助于不同层次的学生提升学习能力。学习能力强的学生在讨论中会积极地表达自己的观点，而学习能力相对不那么强的学生能够在小组讨论中了解其他人对问题的解决思路和方法。从而选出适合自己的方法。大家取长补短，共同提升学习能力。

5. 学生们将讨论的答案展示出来，教师对其答案给予评价

答对的学生，教师让学生解释他是如何思考，从而寻找到正确答案的，把成功的经验分享给大家，帮助全体同学共同进步。答错的学生，教师要对他的勇敢给予赞赏，鼓励他继续努力，以培养学生的自信心。学生们在鼓励中获得自信和喜悦，会产生更

大的学习热情。

6.加强课外的家庭小实验

利用矿泉水瓶、口服液瓶和适量的水自制潜水艇,用矿泉水瓶和吸管以及少量的水自制温度计与气压计,利用纸盒蜡烛自制小孔成像。还可以在家里用一些家中常用的日用品进行一些探究性的实验,比如用穿衣镜、刻度尺等探究平面镜成像的特点,利用身边木块、石块、铁块、塑料块、泡沫、水、食盐、食用油等探究物体的浮沉条件等。

三、通过训练案让学生进一步掌握知识

1.解决了探究案中的问题,掌握了所学的知识点,剩下的就是运用所学的知识。训练案是针对每一个知识点而量身定制的训练题。简单易做,极具针对性。简单地举几个例子:

例1:"运动的描述"针对训练。

中秋佳节到了,李南骑自行车回家,看到路边的小树飞快地向后移动,同时他又觉得自己没动。原因是他所选择的参照物分别是下列选项中的哪个(　　　)。

A.地面、列车

B.列车、地面

C.列车、列车

D.地面、地面

例2:"声音的产生"针对训练。

将正在发出声音的音叉放入水中,能观察到音叉周围溅起许多水花,这说明(　　　)。

A.发出声音的音叉在振动

B. 超声波具有能量

C. 声音从空气传入水中响度会变大

D. 声音从空气传入水中速度会变小

例 3："平面镜成像"针对训练。

舞蹈演员站在平面镜前训练，下列说法正确的是：（　　　）

A. 演员在平面镜中成实像

B. 演员远离平面镜时，在平面镜中所成的像变小

C. 演员靠近平面镜时，像远离平面镜

D. 演员以 0.5m/s 的速度运动时，像也以 0.5m/s 的速度运动

以上是检测案中的部分针对训练。可以看出，针对训练不仅是对所学知识点量身定制的，而且极具配合性，也帮助了学生检测自己。

四、通过检测案推动学生对知识的掌握

检测案中的练习题可以帮助学生们检查自己的学习效果，还可以加深其对知识的理解。检测案中的练习题分出了层次，以适应不同阶层的学生，让学生们获得各自的成就感。我们对"二力平衡"这节的训练案进行简单的列举：

1. 关于平衡力，下列说法中正确的是（　　　）。

A. 物体在平衡力的作用下，一定保持静止状态

B. 作用在物体上的两个力三要素完全相同，这两个力一定是平衡力

C. 物体在平衡力的作用下一定保持匀速直线运动状态

D. 物体只受到重力和竖直向上拉力的作用且保持静止，这两个力一定是平衡力

2. 下列情景中，处于平衡状态的是（　　　）。

A. 绕地球匀速运行的卫星

B. 加速追赶猎物的猎豹

C. 下落的苹果

D. 匀速下降的跳伞运动员

3. 下列运动的物体，处于平衡状态的是（　　　）。

A. 做匀速圆周运动的人造地球卫星

B. 沿光滑斜坡滚动的小球

C. 在空中匀速竖直下降的跳伞运动员

4. 一物体保持匀速直线运动状态，则它（　　　）。

A. 一定不受外力作用

B. 一定受到平衡力作用

C. 它受到的合力为零

D. 无法判断

知识的学习在于运用，导学案中的训练案，就让学生们体会到运用知识去解决问题的乐趣。

五、通过构建知识网络图使知识系统化

知识网络图将本节课学习的知识按照方便使用和记忆的原则进行分类，建立中心知识以及围绕在中心知识周围的知识。同时，对每一个知识中心设定相应的知识要点，方便学生记忆与复习，清楚明白，一看就懂。所以在每节新授课的最后几分钟，都要引导学生对本节课所学知识进行系统性梳理，形成简明扼要的知识网络图，并将其整理到导学案的相应位置。这样有助于学生掌握知识点之间的关联，更好地将知识进行内化吸收，完整的知识体

系才不容易忘记。每一章结束后，这种知识网络图的整理显得更为重要，我们鼓励学生发散思维，不拘一格，可以以绘画、表格、树状图等各种形式将知识进行编织串联，并将优秀作品进行展示，给予鼓励，促进学生共同进步。

我们以"内能"这章复习课为例：

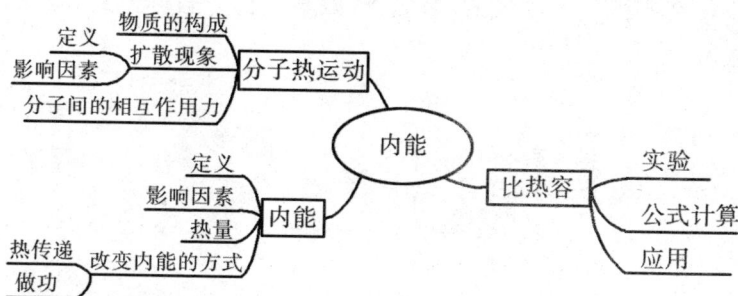

知识点是零散的，学生们将零散的知识串联起来，自己独立构建知识网络图，形式多样，风格各异。每学完一章的内容后，我们教师都会让学生们把所学内容制成知识网络图，有的学生把知识网络图画成了一棵树，章节是树干，每个知识就是每片树叶；有的学生把知识网络图画成几个图形，每个图形里，都写了相应的知识点；还有的学生把知识网络图画成了故事画，里面有人物，有故事情节，内容非常精彩。我印象最深的一幅知识网络图，上面画着两千多年前的亚里士多德，他旁边的伽利略持有不同观点，而且他用理想斜面的推理将亚里士多德的观点推翻了，笛卡尔也支持伽利略，这样大家就更相信伽利略了，最后牛顿出来把以上人员的观点总结归纳，进一步推理得出 "牛顿第一定律"。学生们的知识网络图处处展示着他们的思考与总结、智慧与创造。

"四案一构"教学模式在我校的应用已有八年之久，我校师生在这种课堂模式下摸索前行，从无数的经历中获取经验、无数的困难中找到解决之法，最终凝结成了现在的"四案一构"。"四案一构"教学模式在物理课堂中的应用，使本来沉闷的课堂变得热闹欢快了许多，使原本不太热爱学习的学生变得多少爱学习了一些，使学生的学习热情得到极大的提高、思维得到了极大的拓展、好奇心得到了极大的调动。"四案一构"教学模式是成功的教学模式。

"四案一构"化学课堂模式

现如今很多课堂依然是以课本为中心、教师为主体的传统教学模式，即教师在备课的基础上，将知识单方面地传授给学生，而在此过程中，学生往往是被动接受、死记硬背，再通过大量做题形成刻板印象。表面上看似节省了很多时间、少走了很多弯路，但其中的弊端在教学中暴露无遗。学生在接受新事物时没有经过太多思考，无法形成完整的思维模式，对学生以后思考、解决新问题帮助不大，并且一味地死记硬背会消磨掉学生的学习兴趣，学生很容易成为没有热情的"两脚书柜"。此外，课堂上学生在知识的海洋中单打独斗，缺乏交流与探究，对知识的理解与应用未免单一，难以获取多元的思维模式，不利于学生全方面发展。

教师应该从多层次的备课、明确多维度的教学目标、教学情境的创设、探究学习的展开、对知识的巩固迁移与拓展、构建知识网络及化学学科中的实验操作等方面入手，以化学导学案为引领，展开一节灵活高效的化学课。下面针对各个环节展开详细论述。

一、课前做到"三备"——备学生、备教材、备教法

知识是死的，学生是活的，用死的知识年复一年一成不变地教授资质各异的学生，无疑事倍功半。因此，我们要因材施教，在掌握学生基础层次、对知识接受速度以及接受风格的基础上，

采用不同的教学方法、展示方式，将知识尽可能灵活地呈现出来。

学生的层次不同，我们对他们的要求也要有适度的调整，不能一概而论。例如：在课前完成预习案时，我们可以要求基础差的学生掌握基础知识，诸如物质的基本性质、实验基本操作、简单的计算原理等；而对于层次较高的学生，则尽量鼓励他们通过查阅资料等来拓展知识层面，尝试完成预习案中的拔高题。

二、设定明确的教学目标

教学目标能够对一节课起到导向与调控作用，尤其是学生在课前完成预习案的过程当中，没有教师的参与，教学目标就显得尤为重要。在课堂上我们可以将导学案中的教学目标放在课件中，或者写在黑板右上角，用以提醒学生我们本节课的核心任务。

首先，教学目标不能与教学大纲的总要求相背离，亦不能低于总目标。此外，要根据班级学生的层次水平、思维模式将目标稍做调整，以达到更好的教学效果。

其次，教学目标切忌模糊笼统，要做到层次清晰、表述简洁细致、达成度高。

最后，教学目标尤其是和实验操作相关的目标，要尽量做到易操作、易检测。

此外，获得知识的方式方法、思考问题能力的培养，以及学生通过学习所获得的情感体验、价值观的升华都同样重要。

我们以"氧气"这节课为例，将三维目标制定如下。

知识与技能：

1.知道氧气的主要物理性质。

2.掌握氧气的检验方法，能准确描述碳、硫、铁在空气和氧气中反应的实验现象，并能够写出文字表达式；知道氧气具有氧化性。

3. 了解化合反应的特征，并能判断出给定的化学反应是否为该类型。

4. 知道剧烈氧化与缓慢氧化的区别和联系，并能举出实例。

过程与方法：

1. 学会从多个方面观察实验现象，培养对实验现象的描述和表达能力。

2. 通过对实验现象的对比分析，培养归纳总结能力。

情感态度与价值观：

1. 通过实验探究，体会科学蕴含的奥秘，提高对学习化学的兴趣。

2. 培养严谨、实事求是的学习态度，尊重科学，尊重事物发展规律。

有了层次清晰的教学目标，我们就可以在每完成一个小目标后进行一个小总结，可以让学生简要说出其物理性质，试着描述实验现象，或者通过几道小题来进行针对训练以检验成果。对于本节重点内容可采用适度多提问的方式了解学生的掌握情况，也便于学生通过对知识的掌握情况来重新调整本班学生的重点难点，进行有针对性的巩固。

三、设置教学情境，激发学习兴趣

兴趣是最好的老师，我们不能让学生在日复一日的枯燥课堂上举步维艰，我们应该努力为学生打开一扇兴趣的窗。好的开端就成功了一半，创设一个富有趣味性的教学情境，能为我们在探究案部分的学习奠定重要的情绪基调。

例如：在学习铁生锈的条件之前，我们让大家了解钢铁资源不可再生，给学生展示生活中锈迹斑斑的钢铁制品的图片，直观地反映出铁生锈对资源的浪费与对生活的危害，以此来激发学生保护资源的责任感，同时使得学生对本节课钢铁生锈的原因、如何防止钢铁生锈以及在生活中如何做到保护金属资源的学习产生兴趣。再如：学习二氧化碳性质前，设置悬念——一个父亲将刚买来的西瓜放入许久没有开启的菜窖，久久没有出来，儿子和母亲先后进去查看，一家三口最后都葬身于此。久未开启的菜窖究竟暗藏了什么玄机？通过此案件引出本节课的主角——二氧化碳，那么与我们生活甚至生命如此密切的二氧化碳都有哪些性质？就成为了我们需要学习与思考的焦点，从而引出下文。若将古诗文与化学课堂结合在一起，会有意想不到的效果。例如：于谦的《石灰吟》——"千锤万凿出深山，烈火焚烧若等闲。粉身碎骨浑不怕，要留清白在人间。"那么这铁骨铮铮、刚直不阿的诗句又和化学有哪些联系呢？继而引出碳酸钙、氧化钙、熟石灰的俗名、性质、三者之间的转化关系以及在生产生活中的应用。让学生印象深刻的同时，也能体会到中华文化博大精深，以及我国古代化学的辉煌成就，激发民族自豪感，升华情感体验。

四、实验探究的开展

实验探究往往以创设的情境为背景，以提出的问题为开端，既然是需要探究才能得出的结论显然不会太简单，如果直接抛出一个概括性极高的问题，不符合最近发展区理论，因此，把概括度高的问题分解为多个层次、多个方面，逐层去启发学生效果会更好些。

例如：在测定空气中氧气的含量时，我们要怎样选择实验药品？这个问题提出来概括性比较高，包含的信息量也比较大，学生很难思考，甚至有人会因为摸不到头脑而放弃作答。那我们可以尝试着将问题分成几个小问题。（1）我们可不可以选择铁丝作为反应原料呢？为什么？（2）能不能选镁条做反应物呢？为什么？（3）能不能选木炭、硫做反应物呢？为什么？通过对以上几轮问题的思考，同学们就可以总结出药品应该具备哪些条件了：药品应该能在空气中反应消耗氧气，而不消耗其他气体，并且产物不能是气体。这样不仅将难度降低了，又能教会学生如何将复杂的问题拆解开、简单化。

在探究学习中小组合作方式则更能让学生体会学习的过程，能够真正做到以教师为主导、学生为主体。小组成员分工明确，围绕探究问题，通过师生、生生之间的相互交流讨论，最后得出结论。

例如：在制取二氧化碳的实验中，如何确定反应原理？如果直接给出结论及原因，又难免出现死记硬背并且记忆不牢的缺陷。所以这部分我们可以采取小组合作探究的方式展开。首先，教师引导学生集思广益：回顾我们学过的化学反应，哪些反应能够产生二氧化碳？并将反应的方程式写出。利用这个简单的问题，尽量鼓励后进生发光发热。然后通过小组讨论找出几种方法的优缺点，并将组内成果进行展示，这种简单问题我们依然鼓励层次较低的学生回答，帮助其树立信心，加强其参与度。经过比对，我们选出其中比较可行的三种代表性方案：a. 大理石和稀盐酸；b. 大理石和稀硫酸；c. 碳酸钠和稀盐酸。接下来将这几种方法的相关实验用品提供给学生，引导学生通过观察对比三组实验现象，选出最佳方案。最后将实验成果进行归纳总结，得出原理，并能够解释不选择另外两种方法的原因。最后将形成的答案整理到导学案上。

五、对知识的巩固、迁移与拓展

获取知识的过程体验固然重要，但熟练地掌握基础知识同样重要，这就要求我们在得出结论后，及时巩固，加强练习，适当拓展，做到活学活用。

课堂上，利用好导学案中的针对训练环节，通过相应的典型习题，让学生了解到知识不是单调的、单一的，它可以有多个侧面，可以灵活存在，可从不同的习题中总结方法，培养善于思考的习惯。

同时，知识点之间往往有关联，可以引导学生联想从前学过的某些知识与现有知识的关联，认识到知识迁移的重要性。例如：学习完制取氧气的实验中发生装置与收集装置的选择方法后，可以以此为依据推测实验室制取氢气、二氧化碳等气体应该如何选择实验装置。

利用好导学案中的拓展延伸环节，对于尖子生的培养能起到很关键的作用。例如：在学习了如何检验装置气密性后，可以给学生提供长颈漏斗、分液漏斗、弹簧夹、注射器等实验仪器，思考还有哪些方法能够检验装置是否漏气。再如：学习了不同气体的收集方法后，为学生提供多功能瓶，思考对于不同性质的气体，诸如氢气、氧气、二氧化碳、甲烷等在有水和无水两种情况下应该分别从哪端导管通入收集，如果用于干燥这几种气体，又该从哪端导管通入呢？

六、构建知识网络图

无论是通过教师讲授还是通过合作探究得来的知识，终究都是零散的知识点，就好比凌乱堆放的书本，由于摆放缺乏条理，不能在短时间内迅速找到某一本，也没办法准确说出它们之间的关联。若把它们按照某种合理的类别归类存放，那么在取用时则一目了然。所以在每节课结束前，大约预留五分钟时间引导学生对本节课所学知识进行系统性梳理，形成简明扼要的知识网络图，整理到导学案的相应位置。这样有助于学生掌握知识点之间的关联，更好地将知识进行内化吸收，完整的知识体系才不容易忘记。每一章结束后，这种知识网络图的整理显得更为重要，我们鼓励学生发散思维，不拘一格，可以以绘画、表格、树状图等各种形式将知识进行编织串联，并将优秀作品进行展示、给予鼓励，促进学生共同进步。

我们以第八单元"金属及其化合物"为例，简要说明知识网络图的构建过程。

首先，我们可以将本章内容大致分为金属及金属材料、金属的化学性质、金属的冶炼、金属的锈蚀及保护四大块。在第一层级的基础上展开第二层级，在第二层级基础上丰富第三层级，层层细化补充。

1.金属及金属材料，分为纯金属和合金两部分：（1）纯金属的物理性质是重点，再由性质决定它们的用途，了解金属之最；（2）合金部分分为概念、特征，合金中以铁合金为重点，此外对铜、铝、钛合金的用途进行了解。

2.金属的化学性质表现在三个方面：（1）金属能与氧气反应，分别写出化学方程式、现象，注意反应条件；（2）金属能与酸反应，分别写出几种金属与酸反应的化学方程式以及实验现象；（3）金属能与盐溶液反应，写出相应方程式及实验现象，归纳金属与盐溶液反应发生条件。最后根据金属与氧气、酸、盐溶液能否反应以及反应的剧烈程度判断金属活动性。

3.金属的冶炼部分，了解几种常见的矿物质，熟练掌握含杂质物质的计算，重点篇幅为金属的实验室炼制和工业炼铁，从原料、设备、原理、现象、注意事项几方面分别细化。

4.金属的锈蚀与保护：（1）铁生锈的条件，根据生锈条件如何防止金属锈蚀并具体举例；（2）保护金属资源的措施及意义，回收利用废旧金属的意义。

以上为本章知识点概况，但概括方式并不唯一，鼓励学生以其他方式进行总结归纳，表现形式不拘一格。

七、做好家庭小实验

家庭小实验作为课堂实验教学的延伸和改进，对于充分挖掘学生的探究能力、提高学生的探究兴趣起着重要的作用。

例如：可以利用厨房中常见的小苏打和食醋能够反应生成二氧化碳的原理，在家自制汽水。还可以利用紫甘蓝、紫薯、玫瑰花等的汁液遇酸碱性产生不同颜色的变化，来检测家中常用物品的酸碱性。利用水垢中碳酸钙、氢氧化镁能够与酸反应的性质，用白醋除水垢。还可以以过氧化氢溶液为原料，加入砖粉做催化剂，用药剂瓶、输液管、小夹子等组装制取氧气的实验装置等。这些家庭小实验有利于培养学生动脑、动手的学习品质。

高效化学课堂不会拘泥于一种教学模式，但一节成功的化学课产生的效果确是显著的，能够从学生的眼神中感受到他们通过自己的努力获取知识的喜悦与满足感，而这种感受正是推动学生向前的动力。我们的时代在飞速发展，人类不断地向未知领域迈进，新的研究成果正在不断地刷新我们原有的认知，社会发展需要的不是"两脚书柜"，而是具有发现问题解决问题的能力、有探索创新精神的人。所以，作为教师的我们，要努力创设科学的教学模式，要努力培养学生思考问题的能力，培养的是有理想、有道德情操、有社会责任感、有自主探究能力的未来建设者。

"四案一构"历史课堂模式

"教学模式"是在教学实践中逐渐建立起来的一种较为稳定的课堂教学活动框架和程序。一个好的教学模式会丰富课堂，启迪学生智慧，锻炼学生能力。"四案一构"是我校经过多年研究形成的有自己特色的教学模式，主要以"预习案、探究案、训练案、检测案"为载体，是我校近年来创建特色学校的重要举措。这种教学模式的应用使教师真正地在实践中体会到了"教学有法，教无定法"这句话的内涵。"四案一构"的教学模式确立后被应用到各个学科，但在具体的实施过程中又有所不同，现以初中历史课堂教学模式为例进行简要概述。

随着新课改的实施与推进，中学历史课堂教学的任务也越来越繁重，需要我们在不断探索中提高课堂的教学质量。"四案一构"是我校特色教学模式，在不断的实践中渐成体系，"四案一构"演变为"自主学习、合作探究（即探究案）、课堂测试、检测案和整体构思"四个部分，以这几个部分为主的"四案一构"历史教学模式在实践中逐渐受到学生们的欢迎和老师们的好评，让历史课堂变得更加精彩，学生的参与度和热情也高度增长。

随着新课程改革的发展，问题式教学模式逐渐备受欢迎，这种教学模式有利于实现三维目标的有机统一。新课程改革中提出了"把课堂还给学生"的教学理念，要求在中学历史教学中必须改变传统的教学模式，要以学生为主体，进行创新教学。这样的教学理念适用于 21 世纪的青少年学习，可以帮助学生们提高和实现自我价值。所以，我们在教学环节的设计上要做到教法与学法并重。我们在平时的课堂教学中主要分为以下几个环节：

第一环节——情景设置，导入新课。

导入是教学的起始环节，是一堂新课的教学灵魂，因为俗话说得好"兴趣是最好的老师"，一个完美的导入语能迅速地将学生的思维引入教学内容的情景中，把学生的注意力集中到课堂上。一个简洁、有趣又富有启发性的导入语会事半功倍。一般来说，课堂导入可以分为以下几种：（1）以旧知导入新知；（2）时事政治导入；（3）歌曲导入；（4）情景故事导入；（5）视频导入；（6）设疑导入。一个恰当的导入语，能够活跃堂课的气氛，然后教师自然而然地引出本课内容及本课的重难点。虽然我们可以设计不同的导入语，但要注意：导入语必须自然，最好贴近生活、贴近实际，这样才能真正做到事半功倍。

以部编版历史八年级上册中国近代史"人民解放战争的胜利"一课为例，在讲述本课内容前的导入语引用的是"旅游"这一话题："越来越多的人在节假日的时候出去旅游或者探亲访友，那亲爱的同学们你们都去过哪些地方呢？"这样的导入语可以拉近师生间的距离。学生自由回答后，在 PPT 上展示与本课内容相关的西柏坡图片，自然而然地导入本课内容。选用这样的导课方式是因为它非常贴近生活。部编版历史七年级上册中国古代史"沟通中外文明的丝绸之路"一课采用了"凯撒大帝穿丝袍的故事"导入新课，紧接着抛出问题："你知道为什么古代罗马人称中国为丝国吗？当时中国的丝绸是如何运往欧洲的？丝绸之路又是怎样形成的？"采用情景故事的方式导入新课能够激发学生的热情和激情以及求知欲，学生的头脑中会本能地思考老师提出的问题，带着问题进入本课的学习，能进一步活跃课堂气氛。这里只是简单地介绍了两种不同的导课方式，当然，每一种导入语都有其独特的效果，只要我们运用和衔接恰当，每一节历史课都会有真正的"历史"效果。

第二环节——教学目标的设定。

上好一堂历史课，教学目标的设定是非常关键的，也是必不可少的，因为教学目标在教学环节中位于核心地位，目标设定是否合理，体现着教师对新课程改革理念的理解和把握程度，它是教学的出发点和归宿点。一般导课后我们会在课件中出示教学目标内容，并标出重、难点。教学目标一般分为知识与技能、过程与方法、情感态度和价值观。一般情况下，我们会找一名学生大声朗读或者班级学生集体朗读，这样做的目的是引起学生的高度注意。

在"人民解放战争的胜利"一课中学习目标的设定。（1）知识与技能：了解解放区的土地改革，简述三大战役、渡江战役及南京解放等基本史实；了解人民解放战争取胜的原因，培养学生的分析能力。（2）过程和方法：通过有关土地改革的文件、图片等资料，掌握土地改革的内容和意义；掌握三大战役胜利的史实和意义，分析胜利的原因。（3）情感态度与价值观：通过学习三大战役的胜利，认识到中华人民共和国的建立是无数先烈用鲜血和生命换来的；通过学习新民主主义革命的胜利，认识到没有共产党就没有新中国。重点：解放区的土地改革；辽沈战役、淮海战役、平津战役。难点：人民解放战争胜利的原因。这样设定目标是为了符合教学大纲和课程标准的要求。学生首先了解学习目标，在新课的传授中教师逐渐地再次向学生渗透学习目标，以加深其对学习目标的印象和理解。在新课结束时再回扣学习目标，最好给学生们三十秒的时间回顾是否完成了本课的学习目标，也就是思考本课内容完成的程度如何，同时这也是教师自我反思的一个过程。

第三环节——自主学习，整体感知。

本环节的内容首先要在 PPT 中展示相关问题，在教师的指导下，学生要在限定的时间内，全面快速地阅读教材，找到问题答案所在，扫清字面障碍。在第 24 课中共设计了 8 个自主学习内容，是按照课标要求的重点和教材顺序设计的问题，主要内容是从解放战争时期的土地政策到三大战役的开始以及渡江战役的胜利。这样设计的目的在于可以让学生在 5~6 分钟的时间内对本课内容有个大致了解，进一步明确教学目标。自主学习一般以个体学习为主，辅之以小组合作的方式。在这里还要着重介绍一下我校教学的另一个特色，那就是分组合作。我们把班级看作一个整体，然后把学生按层次分成小组，每个小组 6 人中有 AA、BB、CC 三个层次。这就是我们所说的分层教学，让 A 层的学生帮助 B 层和 C 层的学生，提高后两个层次学生注意力的同时也实现了小组合作，最终目的是不放弃每一名学生，让他们参与到学习中来。

自主学习这个环节设置的问题贴近教材，是能够在课本中找到的基础知识，目的在于培养学生独立学习和思考的能力，以及阅读课本的能力，做到眼到笔到心到，让每名学生都能解决最基本的问题，提高学生的课堂参与度。尤其是 C 层次同学，让他们感受到课堂的学习气氛，从内心深处感受到他们在这一节课中也学到了很多知识，培养他们的自信心。最后自主学习内容的成果以文字形式表现出来。自主学习后学生对本节课内容会有大概的了解，为接下来的新课讲授和合作探究做了铺垫。新课讲授是一个探索新知识的过程，通过师生互动以及复习旧知来进一步理解所学习的新知识，比如，讲述解放战争时期的土地政策时，我们要带领学生回顾抗日战争时期的土地政策，通过对比学习学生的记忆会更加深刻。

第四环节——合作探究，突破重难点。

面对新的课程改革，尤其是我们身处新互联网时代，我们要改变传统的教学模式也就是"教师传递，学生接受"，要把学生置于课堂的主体地位，要真正实现"把课堂还给学生"的教学理念。

在每一堂课上，教师都要根据课标要求，围绕重难点，精心设计每一个探究问题。每节课最好设计两个问题，还要体现出层次性、合理性。在历史课堂教学中，合作探究通常以问题引领的方式进行，在"毛泽东开辟井冈山道路"一课中设计的两个探究问题是：（1）毛泽东为什么进军井冈山？（2）你认为怎样才能创建工农武装割据的局面？在"人民解放战争的胜利"一课中我们也设计了两个探究问题：（1）战略决战为什么首先选择东北作为突破口？（2）人民解放战争取得胜利的原因是什么？这两节课的探究问题都是由简到难，加上材料和图片的辅助，再现历史情景，让学生有一种带入感，通过小组之间合作发挥小组的集体智慧，共同解决问题，学生们基本上能回答出正确答案。在出示探究问题时展示相关材料这是非常必要的，因为学生本身可以通过对每个材料的解读得出对应的答案。这几个探究问题的设计紧紧围绕着学习目标，学生们通过小组合作有效地解决了本课的重点和难点。探究问题这样设置也是符合"四案一构"教学模式的，尤其是体现了小组合作的优势，展现了我校的教学特色。

学生之间通过合作得出的结论，往往比教师单方面讲述效果要好，印象会更加深刻，经过合作讨论与探究，可以检查学生们小组内合作情况，以及他们对教材的阅读和对知识的理解、运用及整合的情况。通过这样的教学方式，可以提高学生的课堂参与度，增加他们对学习历史的兴趣，最重要的是，培养学生的思考能力和集体意识。"合作探究"是历史课堂教学的中心环节，是一节课的灵魂所在，它可以帮助学生突破教学中的重难点，所以在设计问题时我们要由浅入深、由表及里，做到层层递进，通过师生互动、生生互动进一步体现学生在课堂上的主体地位。值得注意的是，在这一环节的教学中，我们一定要注意史料的运用，这是历史学习中必不可少的。在教师的引导和讲解下学生能进一步理解历史史料，在此基础上进行合作探究新知，解决问题，能激发学生的兴趣，也能加强他们对知识的理解；同时这一环节可以很好地锻炼学生的口语表达能力，增强他们的集体荣誉感和竞争意识。探究问题结束时要及时进行小组评价，发现存在的不足，及时纠正。

第五环节——构建知识网络图。

"四案一构"中的整体构思是一个关键环节，是一节课能够完美结束的点睛之笔。在以往的传统教学中，我们称之为"小结"。基本上都是由教师完成的，这样做不但打击了学生学习的积极性，还容易使学生变得散漫。因为整体构思环节，是学生自我归纳和自我反思的极好机会，也是学生思想升华的一个过程，这是"四案一构"教学模式应用的意义所在。一节新课所涵盖的知识量一定不会少，若最后一分钟的总结由学生来完成，教师作为辅助，可以更好地帮助学生反思和成长，因为一名学生在总结时其他的学生会全神贯注地倾听，随时做好补充的准备，也进一步体现了师生间的互动与师生间教学相长。学生能对传授的新知有个整体印象，明确所学内容，最终紧扣教学目标。

第六环节——课堂自我检测，小组评价。

这个环节是检测学生对本节课知识的掌握程度，时间相对来说是非常灵活的，所以我们在设置问题时要简而精。可以根据学生的掌握情况判断本节课学习目标是否达成，或者达成程度如何，以便达到最佳的教学目的。

关于小组评价这个环节，是对每一个小组每一名同学在当堂课的表现情况、动脑情况、相互交流情况及发言情况进行个别评价，最后由教师进行整体评价。这样小组间形成一种竞争意识，可以提高学生学习的积极性。

以上是历史教学过程的几个主要环节，但无论是什么模式的历史教学，基础知识才是最重要的，我们还是要注重传授学生基础知识。我校实行的"四案一构"教学模式验证了新课程改课中提倡的"把课堂还给学生"的教学理念，体现了学生的主体地位，改变了传统教学中教师"一言堂"的教学现象，极大限度地让学生参与到课堂中来，提高学习的积极性。

学习历史在于借鉴，鉴古知今。学生学习历史除了知识外，我们还要教他们运用历史唯物主义辩证法的观点去评价历史人物、历史事件、历史现象等，所以在平时的课堂教学中我们除了加强史料的运用，还要培养学生学会用历史知识联系现实，关注未来。比如说，讲授"秦统一六国和秦的灭亡"一课时，秦朝为什么短短二世就亡了呢？通过学习和讨论学生会得出结论：因为暴政。那么这个历史事件给我们一个什么样的启示呢？对于我们今天的社会主义现代化建设又有什么借鉴意义呢？通过对一个个的历史现象、历史知识的学习得到启发，升华思想，才能更好地塑造学生的世界观、人生观和价值观。

历史的车轮总是滚滚向前，人类的存在和社会的发展是在不断承接历史、发展历史和创造历史，教师不仅教书还要育人，愿每一个学生都能在学习中不断成长，在成长中不断学习。"以铜为镜，可以正衣冠；以人为镜，可以明得失；以史为镜，可以知兴替。"

"四案一构"地理课堂模式

教学是教师的教和学生的学所组成的一种人类特有的人才培养活动。通过这种活动，教师有目的、有计划、有组织地引导学生积极自觉地学习科学文化基础知识和基本技能，促进学生多方面素质全面提高，使他们成长为对社会有贡献的人。我校经过深入研究形成了独具特色的教学模式——"四案一构"教学模式，即预习案、探究案、训练案、检测案和构建知识网络图。下面我介绍一下地理学科的课堂模式。

一、预习案

课前预习是教学中老生常谈的话题，预习在教学过程中起着至关重要的作用，充分良好的预习对于课堂教学中教师的教与学生的学有事半功倍的效果。由于学科特点，为减轻学生的课业负担，我校地理学科的预习案是由教师在备课时写在 PPT 上，包括该节课的重点内容、难点内容。在预习案之前首先按学生接受层次由简到难展示本节课的学习目标，然后再展示预习案，学生在学习目标的引领下，通过阅读教材完成预习案，这一过程是学生自主学习的过程。

地理学科在中学阶段划分为文科，但却需要很强的理性思维和地理空间想象力，如果学生没有课前预习，在课堂上单凭老师的讲授难以突破教学难点。例如，七年级下册讲授的区域地理，分别对各区域的自然地理和人文地理进行讲解介绍。自然地理是研究自然地理环境的组成、结构、功能、动态及其空间分布规律。对自然环境中的气候和地形的理解记忆是一大难点，如果学生可以在课前通过预习案的提示分析总结出该地区的气候特点和地势地形，对一些重要的河流、山脉、盆地、高原、平原等地形做简单的空间记忆，那么在课堂上就可以应对自如，更好地接受知识并给予反馈。人文地理探讨各种人文现象的地理分布、扩散和变化，以及人类社会活动的地域结构的形成和发展规律，其中包含各地区的经济发展、风俗习惯，各具民族特色，丰富多彩。合理选择预习内容可以增加学生学习的兴趣，提高学习积极性，达到寓教于乐的效果。

预习案是一个帮助学生发现问题、研究问题、解决问题的载体，这一过程使学生的自我学习能力得到提高，使学生感受到独立解决问题的乐趣，从而主动学习，热爱学习。

二、探究案

随着素质教育的全面推进，教育已越来越成为社会的焦点。开展素质教育，提高学生学科素养，培养有文化、有理想、有道德、有纪律全面发展的学生，是教师义不容辞的义务与责任。教学应与学生的实践生活联系在一起，教学源于生活，高于生活。教师应积极引导学生开展探索性、研究性的学习活动，在课堂上学生是学习的主人，教师在学生的学习过程中充当组织者、引导者和合作者的角色。开展"以学生为主体"的教学模式，在课堂教学中发挥学生主体地位，有利于学生形成健全人格，更有利于培养学生的探索精神、创新思维。为此，我校在课堂教学中使用探究案。

探究案是指首先把全班学生按"组内异质、组间同质"的原则，根据性别比例、兴趣倾向、学习水准、守纪情况等合理搭配，分成每组六人的学习小组。然后根据学生年龄阶段、学习情况、接受能力，由教师制定合理的探究问题，一般是本节课的重点难点。在老师的启发引导下，学生面对面地进行小组讨论，解决问题。教师提问各小组成员代表展示小组讨论成果，回答不完善时可叫本小组成员补充或其他小组成员补充，然后由教师做总结。其中教师在探究活动中起重要作用，是小组探究活动开展的组织者和掌控者；是小组内探究研讨的参与者和引导者。最后教师按照合理的评价机制给出各小组评分。

地理学科内容对于低年级学生来讲过于晦涩难懂，有些问题对于单个学生来讲在完成上存在难度，但如果以小组为单位来进行探讨研究，小组成员各抒己见，相互借鉴学习，集众人之力就能很好地解决问题。例如：七年级上册"海陆变迁"一节中，在教师的启发引导之后，提出探究题：1.海陆变迁的实例及原因；2.板块构造学说的观点；3.全球主要火山地震带的分布地区。列出以上三个探究题，给出相应时间请同学们分组讨论，最后请小组成员汇报成果，教师总结。在这一过程中学生互帮互助得出结论，通过激烈的讨论提高了学习兴趣，评分机制的存在增强了学习动机，保证每位同学都能参与其中，从而突破知识难点。

探究案保障了学生在课堂教学中的主体地位和教师的主导作用。学生通过合作探究解决重点难点问题，这一过程既培养了学生的合作意识，又使学生收获了成功解决问题后的成就感，有利于学生学习兴趣的培养。

三、训练案

当堂训练是课堂教学的重要环节，有效的课堂训练可以增加学生对知识的把握程度，对整节课的知识点起到巩固加强作用，精彩有趣的训练可以抓住学生的注意力，使其对本节课产生兴趣，主动学习。训练案是当堂训练的辅助材料，可以是一节课的重点总结，也可以是一节课的难点突破，渗透着一节课的教学目标。借助训练案可以使课堂结构更加完善丰富，具有趣味性、生动性、形象性。

地理学科需要很强的地理思维和空间想象力，所学的内容又具有抽象性，低年级学生难以理解，此时合理的训练案可以解决这一问题。例如，七年级上册"地球的形状与大小"一节主要讲授地球的形状和地球大小的几个基本数据，我们虽然生活在地球上，但难以想象地球的全貌及大小，学生在感知理解上存在难度，此时可以用篮球做导入，在训练案中加入篮球，想象篮球即为地球；让同学们过球心穿过球面画一条直线，为地轴；直线与球面有两个交点，为南极点和北极点；在球面上连接南极点和北极点可以得到无数条曲线，为经线；做垂直于这些曲线并穿过球面的圆圈为纬线；最长的纬线叫赤道，赤道的周长为地球最大周长；球心与球面的距离为平均半径；篮球的表面积为地球表面积。这样用篮球类比地球，通过在篮球上画线条理解地轴、南北极点、经线、纬线的概念更加直观形象，让学生自己动手，把兴奋点转移到课堂上来，保持长久旺盛的注意力，也锻炼了学生的地理空间思维。

古人云："千锤万凿出深山。"石灰的形成经历了千锤百炼，一个知识点同样需要经过多次训练才能吸收、接受和灵活运用。合理的训练案不仅使学生对知识在掌握程度上得到加深，也锻炼了学生的创新思维、发散思维。积极的思维活动是课堂教学成功的关键，富有启发性的训练案可以激发学生的思维兴趣。"兴趣是最好的老师"，它会引导学生步入知识的殿堂，收获丰收的喜悦。

四、检测案

适度的练习检测也是课堂教学不可缺少的环节，学生学习到的知识需要通过习题来检测，教师通过课堂练习中学生给予的反馈来判断本节课学生对课堂知识的掌握程度，一方面便于教师积累课堂经验，另一方面有利于教师针对难点知识进一步讲解。检测案便是这一环节的有效载体，教师选择合适的练习题，检测学生当堂学习效果，制订合理教学方案。

地理学科中学生的读图识图是重点内容，也是教学中的一大难点，学生初步接触地图存在较大难度。在训练案的基础上，检测案必不可少。例如，七大洲四大洋分布图，可以遮盖大洲大洋名称，提问学生大洲大洋的位置和名称、七大洲四大洋面积从大到小的顺序、大洲与大洲之间的分界线。降水量柱状图和气温曲线图中所表达的信息，在教师讲授之后需要做练习检测，就两幅图的信息结合在一起反映了什么样的气候特征，代表了什么样的气候类型，进行多次检测直至学生完全掌握知识点。

孔子曰："学而不思则罔，思而不学则殆。"预习案和训练案是学习的过程，探究案和检测案是思考的过程，学与思相结合才能使学生对于知识的吸收达到最大化。

五、构建知识网络图

一节完整的课由导入开始，至课堂总结结束。课堂总结是对本节课知识内容的回顾，主要是本节课的重点难点内容。

知识网络图就是本节课知识点的集合，项目符号分层次地连接在一起，这种图像比单纯的文字更容易抓住学生的兴趣点，画与写的结合更有利于记忆。知识网络图的构建可以根据课程类型由教师绘制，或者请学生来做总结，也可以两种方式相结合，根据具体实际情况来选择如何构建知识网络图，最终形成一节课的知识体系。构建知识网络图应用于每一节地理课，对琐碎繁难的地理知识做穿线总结，能够加强理解和记忆。

"四案一构"的教学模式是我校的特色教学模式，在多年的实践应用中得到了极大的教学反响，希望在以后的实践中不断完善，不断进步。

"四案一构"生物课堂模式

从古至今，从原始社会教育到古代社会的教育，再追溯到近现代社会的教育，每一个时代都有每一个时代的特点，每一个时代的教育都在发生着变化。教育在变，教学模式也在不断变化，经过众多教育家的研究探讨，开发了很多不同的教学模式。经过多年的研究与实践，我校以预习案、探究案、训练案、检测案、构建思维导图，即"四案一构"为载体，探索具有我校特色的教学模式，并在每一门学科中积极地应用与实践，下面介绍一下"四案一构"生物学科的课堂模式。

一、学习目标的确定

生物学科一周只有两课时，为了让学生在每周的这两课时中，学习更有效，在每节课教学之前，我们先明确这节课的学习目标、知识目标、能力目标和情感态度价值观目标及学习的重点难点，让学生带着目标去学习。先明确这节课的学习目标，然后在学习的过程中有针对性地去学习新的知识。为学生展示教学重点与难点，使学生明白本节课应重点学习哪些内容，为下一步活动的开展做铺垫。

二、通过预习带动思考

预习案的设计也是围绕着学习目标、教学重点和难点，将书本上的内容提炼出来。生物学科一般以填空的形式，将本节课的重难点知识展示出来，让学生在书上找到答案并标记出来。在这个过程中，可以让学生快速浏览书本，并在书本中提炼出本节课的重难点知识，做上标记，有一个初步的印象和理解。教师准备预习案是为使学生有学习目标，引导学生自主学习。在预习过程中，学生能够了解本节课的相关知识。下面就来说一下预习案的作用。

1. 预习案可以提高一堂课的学习质量和教学质量。课堂教学是学生学知识、掌握知识和发展能力的一个过程，预习案可以扫除课堂教学的知识障碍，促进课堂教学。例如，在学习"病毒"时，针对病毒的概念——病毒没有细胞结构，它只是由蛋白质外壳和内部遗传物质组成的，在预习案中我们可以列出病毒由什么组成，不具有什么结构这样的填空，这样就把之前学的病毒是生物，但没有细胞结构的旧知识与新知识联系起来。在寻找答案的时候，学生可以对自己不确定不明确的加以标记，这样在学习新知的过程中，会使他们有的放矢，提高学习效率。

2. 预习可以提高听课效率。学生经过预习再去听课，那么上课时的积极性和目的性往往比没有预习的要好。在预习中，会遇到一些问题，带着问题去听，课堂效果明显不同。

3. 预习可以提高学生的自学能力。学生有时候学习很被动，设置预习案的目的就是为了给他们机会和时间，培养自学能力。因为自学能力的强弱关系到他们以后的学习和工作，同时自学能力也影响着他们的学习质量。

二、通过探究促进思考

在教学模式中探究合作也是一个相当重要的模式。对于学生来说，最重要的能力是什么？是他们自主学习的能力、合作探究的能力。"授人以鱼，不如授人以渔"，要以学生为主，让他们自己去发现，寻找答案，从而完成对知识的掌握。这样才会使他们铭记于心。生物学科中我们一般会以合作探究小组讨论为主，通过给出某些材料或者图片来引导学生完成探究问题。

探究案一般情况下会设置两道及两道以上的问题，由师生在课堂上通过合作探究的方式共同完成。问题的设置要凸显学习目标、重点难点，还要兼顾学生的实际水平，难易程度设置要得当。例如：在学习"细菌"这节课的过程中，可以问细菌的结构有什么特点？根据细菌的结构推测细菌能够像植物那样制造有机物吗？说说你的理由。首先用图片展示细菌的结构，让学生们自行讨论，根据以前学的植物细胞和动物细胞的结构，来对细菌的结构进行猜测，然后由教师统一归纳明确细菌的结构。第二个问题要求同学们根据细菌结构进行推测，细菌是否能够像植物那样自己制造有机物，学生通过以往的知识植物制造有机物，经过讨论得出自己的结论。这样两个问题由浅入深，由结构到具体结构的功能，使学生们对本节课要求掌握的重难点知识做到很好的掌握。

生物是一门科学学科，那么固然离不开实验，离不开探究，探究实验的目的是激发学生的好奇心，培养他们的科学探究能力。正处在青少年时期的初中生是一个对外界充满好奇心的时期。对于探究实验来说，他们有着很大的兴趣，所以要设置好问题，调动学生学习的积极性，培养学生的动手能力、创新能力、团队合作能力。例如，在探究检测不同环境中的细菌和真菌时依据实验过程的顺序设置问题：为什么培养用的培养皿和培养基在接种前必须高温处理？为什么要用无菌棉棒？学生带着问题进行实验，在实验中解决相关问题。整个探究实验的过程都是由小组合作完成的。最后会对整个探究活动进行总结，紧扣学习目标和学习重点难点。

三、通过即时练进行训练

训练案是针对个别探究性的问题进行训练，在学生小组合作完成探究问题得到答案之后，列举相关问题，举一反三，使学生对此问题有更深的印象。例如，在"细菌"这节课中，经过探究讨论之后让学生们进行训练，问题是：细菌不能像植物那样自己制造有机物，那它的营养方式是什么？在生态系统中充当什么角色？这样的问题可以使学生回忆起初一学习的细菌真菌在生物圈中所扮演的角色，进而引出细菌的营养方式。在课堂教学中，训练案可以提高课堂教学的有效性，从而达到提高课堂质量的目的。但是在课堂教学中由于时间有限，我们训练案给出的题型不能过于复杂，一般会设置既简单又具有代表性的问题，使学生快速找到与之相应的答案，并抓住本节课的重点难点。在课堂教学过程中，训练案的题目一定要精选，而且设计要有梯度，也要为学生留足思考的时间。在训练的过程中，可以采取课堂提问学生或者小组讨论总结的方式，但无论哪种方法都要以学生为主体，以教材为依据，有针对性地进行设置。

课堂上训练案有助于构建和谐的师生关系，提高学生学习的兴趣。在这个过程中,训练案就成了师生沟通的纽带和平台。

四 、通过检测案看学习目标是否达成

检测案是对这节课的检测,一节课学生吸收得好坏,教师讲授得是否成功,都会通过课堂检测展现出来。例如,我们会在教学内容讲完之后,为学生设置几道简单的习题,因为学生刚刚学完本节课的内容,所以一定要设置一些简单明了的题目。如在"消化和吸收"一节中,这节课的重点是要知道各个消化腺有什么消化液,并且消化哪些营养物质,所以在检测案中我们设置了让同学们将消化腺、消化液和营养物质之间相互连接的练习题。这样一节课的内容一目了然。七年级上册"生物圈是最大的生态系统"中难点知识就是生物圈是地球上最大的生态系统,所以在课后检测案中我们设置了如下问题:在地球上最大的生态系统是什么?(给出四个选项供学生选择),还有一些对自然调节能力、森林生态系统、湿地生态系统方面的习题。课堂检测可以检测学生的学习情况,经过课堂检测,教师就能了解学生掌握知识的情况和能力提高的程度。发现问题之后,教师还可以制定出一些措施予以解决。当堂的测试能够促进学生高效地学习,保证教学质量。

一节课经过预习案、探究案、训练案、检测案之后,最后一步是整体构思。整体构思的目的是要把这节课最重要的知识展现出来,围绕教学目标、教学重点难点展示整体构思。一般会让学生先进行整体构思,让学生回忆这节课都学到了哪些知识。在提问的过程中检验学生掌握情况,然后由老师进行统一归纳。例如,"细菌"这节课整体构思包括细菌的发现、细菌的形态、细菌的结构、细菌的生殖,其中最为重要的就是细菌的结构。在整体构思的过

程中展示细菌结构图片，使学生对细菌结构再次加深印象。在"消化和吸收"这节课中，整体构思分三个方面：消化系统的组成、三大营养物质的消化过程和营养物质的吸收，其中最重要的是三大营养物质的消化过程。将淀粉、蛋白质、脂肪是如何消化成葡萄糖、氨基酸、甘油和脂肪酸的，分别用箭头表示出详细的消化过程。有些时候我们对课堂教学中的整体构思不够重视，认为它可有可无，如果是这样的话，分散的零碎的知识就得不到归纳整理和系统化，模糊和错误的地方也得不到纠正，容易造成学生对课堂教学内容理解不透，从而影响课堂教学效果。

整体构思，可以给学生一个完整的轮廓，在学习知识的同时巩固知识，将知识深化，也可以让课堂教学的结构更为严谨。整体构思还是一节好课的画龙点睛之处，利用提纲、图表、图示展现知识，创设出不同的思维情境，有利于激发学生的学习兴趣，使他们身心放松。让学生自行进行整体构思，也能提高和培养学生独立思考、归纳分析的能力。

教学过程对于每一门学科来说大体都是一样的，但由于每一门学科都有各自的特点，所以在实际应用的过程中会有所不同。对于"四案一构"在生物学科中的应用，有些可以应用于所有学科，有些只适用于生物学科。目前全国各地许多学校和教师都在探索和实验着各种新的教学模式，可以说教学改革实验的真谛就在于对旧教学模式的改造。从这个意义上讲，教学模式的改革有助于我们切实掌握教学改革的主动权。对于"四案一构"我们会在未来的教学过程中积极应用，探索它的不足和新的发展空间。

"四案一构"政治课堂模式

为了进一步提高我校政治课的课堂效率，我校一直在尽力打造"高效课堂"。所谓"高效课堂"，便是经过教师的指导和学生自觉学习，教师在一节课的时间内高质量地完成教学任务，从而达到促进学生健康发展的目的。那么怎样才能在一节课的时间内，让学生有质量地学习并完成教师所布置的学习任务呢？这需要每一位教师进行深度思考和探索。我校政治组的老师也在不断摸索适合高效课堂的教学模式，经过政治组老师充分讨论，总结出"五步"教学模式，即自主学习、新课导入、新课讲授、课堂总结、训练检测。

一、自主学习

所谓自主学习，便是要求教师在刚开始上课时给学生阅读教材的时间。也就是说教师要提前准备好导学案，上课后，先给学生十分钟左右的时间，让学生自主学习，简单了解本节课的内容。这一环节要求学生带着问题去看教材，自主钻研教材的有关内容，努力思考并解决教师提出的问题。此环节强调"自我"，即学生要自己主动地去解决教师所布置的内容，它可以让每个学生都参与到学习当中，从而锻炼学生的思维能力。但学生通过自主学习，只能完成一部分的学习任务，尤其是对于中等和中等以下层次的学生来说，并不是所有的问题都能解决。这样学生就会带着问题去听课，会让接下来的听课产生很好的效果。

二、新课导入

俗语说得好：良好的开端是成功的一半。一节课的导入好不好，关系着本节课的教学效果。因此在教学中，新课导入是一个很重要的环节。我们知道在刚开始上课时，学生的注意力往往不集中，思维也不活跃，大部分学生都处于比较松散的状态。而新颖别致的导入就像一块无形的磁石，将学生的注意力紧紧吸引住，这样就能迅速地把他们带入特定的情境之中。所以教师的导入方式与教学效果息息相关。而新课导入的方式有很多种，具体形式如下：

1.总结过渡法，即带领学生回忆上一节课的知识点，同时引出本节课的学习内容。优点：教材的编排一般都有严密的逻辑性，课节之间、框题之间也都存在一定的内在联系，教师在上课时，总结回顾上一节课所学知识，可以从中推出本节课所要讲的新课题，这样就可以承上启下，自然过渡。缺点：这种导入方式比较简单死板，没有办法吸引学生们的兴趣，一旦注意力不集中，可能会影响学生们的学习效率，致使他们无法完成学习任务。

2.设疑导入法。即按照教学内容故意设置一些疑问，从而激发学生思考的欲望，这种方式是利用初中生好奇心强的特点，先给他们制造一些假象，最后再告诉他们真相，通过学生情感的转变，使学生走进本节课的教学内容。优点：此方法能够很快集中学生的注意力，使学生由松散状态转为紧张状态。缺点：此方法不能够常用，并不是所有的新课都能运用这一方法。

3. 故事导入法。即利用故事本身所包含的道理提出问题，巧设悬念，从而导入新课。优点：此方式利用初中生喜欢听故事的特点，引用一些与教材知识点有关的故事进行导入，有利于教师教学任务的展开，同时也开阔了学生的视野。缺点：导入的故事需要契合教材的知识点，需要教师具有丰富的知识储备。

4. 案例导入法。案例教学是一种比较新颖的教学方法，通过案例（与课本知识、学生生活贴近，普遍关注的热点案例）设置相关情境，从而激发学生思考的兴趣。优点：利用案例导入新课可以吸引学生的学习兴趣，有助于教师进行下一步的课堂教学。缺点：需要教师时刻关注热点问题，也需要大量的时间在网上搜集符合本节课内容的案例。对于不善用电脑的教师来说，会有一定的难度。

我们知道，喜欢和兴趣是密不可分的，要想让学生喜欢政治课，首先要激发他们的兴趣。因此在上课时，教师要选择形式多样、富有启发性的导入方式，带领学生深入思考本节课的知识内容。同时也要注意在导入时应该遵循以下原则：第一，要符合教学目标，与其无关的内容不要体现出来。第二，要符合教学内容。第三，要符合学生的实际情况。在新课程改革的浪潮下，教师是主导，学生是主体，通过学生的学习情况我们可以看到教学效果的好坏。因此导语的设计要从学生的现实情况出发，要考虑到初中生的心理特点、性格特征，不要用复杂抽象的内容作为导语，不然学生可能无法理解，从而影响教学效果。第四，要符合课型的要求。对于不同的课型，教师的导语也要不同。例如：教师在讲授新课时要带领学生回忆上节课的知识点，做到温故知新；在讲复习课时要引导学生进行归纳总结，提高学生自主学习的能力。第五，导语要短小精悍。一般来说，两三分钟便可，不然时间过长会影响下面的教学进度。第六，形式要多样化。

三、新课讲授

我们知道，新课讲授是教学过程中的关键环节，无论采取哪一种导入方式，都是在为新课教学做铺垫。要想让学生获取知识，提高学生的思想道德品质，抓好这一环节至关重要。如果不能根据学生和教材的实际情况采用切实可行、灵活多样的教学方法，多好的导入也会前功尽弃，更谈不上实现良好的教学效果。而新课讲授的方式有很多种，具体形式如下：

1. 创设情境

情境的形式是复杂多变的，可以是问题的形式，也可以是材料的形式。教师提出的问题要真正起到指导学生高质量地完成学习任务的作用。教师可以直接向学生提出问题，既节约了时间，避免了问题纠缠，也提高了课堂效率。问题的设计要由浅入深，符合学生的认知规律，要有探究性，不能太简单，也不能太难，要让大部分学生都能够回答上，要真正启发学生的思维。而情境材料的选取，可以是教材上的内容，也可以是教师在网上搜集到的故事、视频等。材料的选择要做到"三贴近"：贴近生活，贴近学生，贴近实际。要选取贴近学生生活的比较典型的材料，引导学生进行独立思考、合作探究，进而导入课堂教学。利用这些情境材料可以帮助学生更好地理解教材的知识点，有利于教师更好地完成教学任务。如果利用教材上的情景材料，内容会固定化，而且学生可能提前阅读过教材，无法给学生以新鲜感，从而影响学生的学习效率。

2. 合作探究

合作探究，是新课讲授中非常重要的一个环节，因此教师必须在这一环节上下功夫。这个环节不仅是对传统课堂教学的继承，也是对传统课堂教学的否定与发展。作为对传统课堂教学的继承，要求教师在合作探究时要按照新课标的要求进行教学。作为对传统课堂教学的否定与发展，要求教师在合作探究时要改变以往的教学观念，采取先进的方法进行课堂教学，要重视初中学生的心理特点、性格特征等方面的发展。教师要利用其特点，采用恰当的方式，帮助学生树立正确的价值观念。在讲课时要提倡小组合作，使学生在相互学习的过程中，提高学生主动学习的能力。教师在课堂教学中以探究活动为载体，充分引导学生进行合作学习、探究学习。在各种探究活动中让学生懂得道理，使其在团队合作中自觉主动地获取知识。这一环节改变了以往传统教师教、学生学的教学方式，有些老教师一时难以适应这种教学手段，同时对于新上任的年轻教师来说也有一定的难度。

3. 教师点拨

初中学生由于知识的局限性，自己能讲出来的东西并不多，这时候就需要教师的点拨、指导。学生在学习的过程中会提出一些新看法，教师应当鼓励学生提问。学生如果提出与教师不同的见解，教师要对学生的新见解、新观点给予充分肯定。学生如果回答错误，教师也不应一味地进行指责，而是要对学生进行鼓励，从而调动学生回答问题的积极性。但同时也要注意，对于学生所存在的错误认知、疑难问题，教师应当及时予以矫正和解答。即便如此，教师也不应一味地给学生进行讲解，而是要引导学生自己思考并回答，在学生无法回答时教师再进行详细讲解。这样会加深学生对这一知识点的理解，更好地完成学习任务，提高学习效率。教师在教学过程中的点拨因人而异，因材施教，不再局限于课本知识，也不让学生死记硬背，使得学生不再被框架所束缚，习惯从新的角度看问题，也创新了学生的思维方式。需要教师具有丰富的经验和知识储备，否则在课堂上对于学生提出的问题可能无法及时给予解答，影响教师进行下一步的课堂教学。

四、课堂总结

课堂总结是教学过程中非常重要的一个环节，所需时间不是很多，但却起着非常重要的作用，可以检验学生的学习情况。教师在进行课堂总结时也要注意，不应该只总结本节课的知识点，还要在其基础上进行升华，让学生知道具体的行为要求，明确在现实生活中怎样按照道德规范去行动，并鼓励他们养成良好的行为习惯，要把知识运用到日常的实践当中去。例如：我们在讲到尊重他人这一知识点时，不仅要让学生懂得尊重的含义、尊重他人的重要性等内容，还要让学生懂得现实生活中怎样做才是尊重他人的表现，引导学生做一个懂得尊重他人的人。要知道《道德与法治》这本书，不仅是教学生书本知识，更重要的是教会学生怎样做人，怎样做一个好人，帮助学生树立正确的世界观、人生观和价值观。因此，教师在课堂总结时要进行一定的升华，在日积月累中让学生养成良好的行为习惯。

课堂总结可以是教师进行总结，也可以是学生进行总结。教师总结的优点：教师通过总结升华，不仅可以帮助学生对所学知识进行归纳总结，使知识更加系统化、全面化，还可以让学生明确知识点所体现的具体要求，并把这一要求应用到具体的实践当中去。缺点是在教师总结的过程中学生一旦注意力不集中，可能会对本节课的知识点记忆零散，无法很好地掌握本节课的内容。学生总结的优点：学生在进行总结时会加深对本节课内容的理解，从而能够更好地运用到日常生活中去，有助于学生养成良好的行为习惯，同时也锻炼了学生的思维能力。缺点是学生在总结时可能概括得不全面，教师要给予补充，并在其基础上进行升华，可能会使这一环节所需时间过长。

五、训练检测

训练检测应该放在哪一环节，是讲完一个内容后及时训练还是放到最后练习，这就需要教师根据学生上课时的学习情况进行思考，以便选出最好的方案。训练检测的内容要有针对性，一般是练习本节课的重点知识或者是容易出错的知识。训练检测的内容要有区别，也就是说不同层级的学生训练检测的内容要有所不同，要让不同层级的学生都能够做出答案。通过训练检测，教师可以掌握学生对有关知识和概念的学习情况，以及学生在练习时所表现出来的特点，为以后实施更有效的教学提供参考。

科学家实验表明，学习新知识后要及时进行复习巩固，这样学生对知识的掌握会更牢固，更能起到事半功倍的效果。因此，教师在讲授新课时一定要做到当堂训练，这样才有利于教师及时掌握学生的学习情况。同时，题型的设计要具有全面性，要包括选择题、情境题、材料分析等题型在内的习题。教师要在学生做完后为学生进行详细讲解。这一环节要求学生在教师讲完课后，能够独立地完成教师所布置的练习题，从而加深对本节课知识的理解，巩固所学内容。在练习的过程中，教师应及时掌握学生对知识的掌握情况，以便进行补救，并有意识地指导学生对这些知识进行归纳和梳理。在课堂上进行训练检测，可以消除学生长时间用脑所产生的疲劳感，活跃学生的思维，提高学生思考问题、解决问题的能力，进一步优化课堂的教学结构。由于有的课题内容较多，可能没有充分的时间让学生做练习题，或者是学生做完练习题后教师无法当堂给学生进行讲解，所以常常会把巩固训练的内容以作业的形式放到课下让学生去做，等到下节课上课时教师再进行讲解。

政治课向来都是对学生进行思想政治教育的主阵地，是提高全国各民族思想道德素质的主战场、主渠道，在学校教育教学中起着不可替代的作用。因此，政治教师更应该找到符合教师、符合学生现实情况的教学模式，这样才能更好地上好政治课，打造高效课堂。然而不可能存在一种万能的教学模式，就算是政治教师用同一个课件进行讲课，也不可能讲得完全一样，都会在讲课中运用自己所熟悉的方式方法进行授课，因此无论哪一种教学模式，只要有利于新课标的实施，符合学生的心理特点、年龄特征，那它就是适合教师、适合学生的教学模式。

在新课程改革的浪潮下，要求教师改变以往的教学观念，树立全新的教学理念。在课堂上教师要充分发挥学生的主体作用，不要一味地采取讲授式教学，这样会使学生对政治课的观感越来越差，越来越不爱学习政治课，也会扼杀学生的自主精神和创新能力，同时也限制了教师教学的创造性及教学的个性化。政治教师要在"四案一构"教学模式的基础上进行个性化的教学。

以语文组导学案的编制为例谈教研组活动

教育教学是学校的根本职责和存在意义，而教研是促进教育教学最为有力的途径。一线教师通过参加各种形式和内容的教研活动，博采众长，不断提高自己的教学水平，才不至于故步自封。我校教学水平有口皆碑离不开教研组活动的助力。现以语文组导学案的编制为例谈谈我校教研组活动的具体情况。

一、以导学案为内容的教研组活动

导学案是经教师集体研究、个人备课、再集体研讨制定的，以新课程标准为指导、以素质教育要求为目标编写的，用于引导学生自主学习、主动参与、合作探究、优化发展的学习方案。为了更好地完成语文导学案的编制，语文教研组多次召开集体备课，研究学习导学案的编制设计。

（一）准备学习工作

学校先后派多批教师到昌乐二中、衡水中学等学校学习，语文教师代表回来后，在教研组活动上向大家讲解什么是导学案，并把名校已成型的导学案拿来作为模板学习。经过深入研究得出导学案编制的主旨，即以问题为引领来培养学生思维，通过同伴互助培养学生的合作能力。学校根据本校具体学情提出了"四案一构"模式，在此基础上制定有我校特色的导学案。语文组教师在教研组长的带领下，对现有的导学案进行分析研究，取长补短，大家积极发表意见，献计献策，共同认真讨论。然后，化整为零，分工合作，以各备课组为单位，各自负责本学年的导学案编写工作。

（二）搜集资料

备课组的成员每人负责一个单元的导学案资料的搜集工作，通过同头备课，组长细致布置任务。搜集材料包括作者简介、作品写作背景、文体简介及和作品有关的链接资料等。还要搜集和此课相关的导学案、学案，找出本课学习的三维目标和重难点，为设计探究习题做准备。还要寻找和此课相关的习题训练，课内的和课外的都要兼顾。

（三）同头备课

备课内容包括知识体系、课程标准、教材和学情。

1. 备课程标准。在教研过程中，教师严格按照课程标准设计导学案的三维目标和重难点，让知识重点突出，课堂学习目标明确，教师教学和学生学习都有的放矢。

2. 备教材。语文教材内容丰富，有讲读课，有自读课，有现代文，有文言文，有古典文化，有外国名篇，所以教师在备课过程中还要根据文体特点不同，课文在教材的地位不同，进行细致认真的教学设计，发挥不同文体的优势，让学生对每一种类型的文章都能有不同的学习体验和收获。

3. 备学情。学生是不同的个体，差异是存在的。所以在备课过程中，我们既要备相同，又要备差异。对于学生来说，我们必须站在他们的角度，换位思考，这样才能感同身受，找出他们的兴趣点和水平线，为设计导学案的题型难点做准备。同时，还要看到个体的差异，所以要在题型设计方面注意梯度，给 A、B、C

三档的同学都有答题空间，让他们真正成为课堂的主人。

（四）设计编写导学案

在编写导学案的过程中，我们以一些成型的导学案为范例，结合本校学情特点，编写以"四案一构"为模板的导学案。包括预习案、探究案、训练案和检测案，并构建知识网络图。

为了方便学生学习，我们特意在导学案的前面先出示了学习目标和重难点，让学生了解本课学习的侧重点。并在预习案之前给予明确的预习指导，让学生会正确使用预习案。教师把搜集到的作者、作品简介、文体知识和相关链接等内容，挑重点放在预习自测的前面，学生可以通过预习以上内容初步了解作者和作品的写作背景。教师让学生先初读课文，然后布置相应的预习自测题，让学生扫清字词障碍，提高自学能力。

编写完的导学案，组员和组长共同研讨，哪些题可留，哪些题可删，哪些题需要调换一下位置，哪些题可以换种问法。除了设计问题，备课组还对导学案的答案进行了核对和统一，有异议的答案共同研讨，最后统一正确答案。

（五）导学案的审核

导学案在组长和组员共同研讨中完成，经组长检查初步审核，然后交教学主任二次审核。导学案要固定统一的格式，页眉标有设计者、审核人、审核时间、年组科目题目等相关内容，页脚有页码和学科名称等。两次审核合格后交油印室统一印发。

（六）制作相应的PPT

导学案和课件要一致。编写导学案的教师会配套编辑同内容的课件，在导学案内容定下来以后，把它放入相应的课件中，配上相应的图片和音像资料，让课件既实用又丰富多彩，更能充分调动学生的学习兴趣。课件和导学案组内资源共享，并将电子资料上传教务处备份，方便全校资源共享。

至此，导学案的编制工作才算完成。导学案的编写过程是复杂、辛苦和漫长的，但是老师们不辞辛苦地紧张忙碌着。我们不仅是为了孩子现在的成绩，而且是为了中考、为了高考、为了孩子能有独立思考和合作探究的能力，能有集体观念和合作共赢的意识，能有善于思考和归纳总结的习惯。

二、其他内容及形式的教研组活动

除了编制导学案这种偏科研的活动，教研组还有很多和教学相关的活动。

1. 每个备课组派一名教师出课，该组其他教师可跨年组听课学习，互相借鉴。主任校长也同时参与听课评课。出课后，大家坐在一起教研，取其精华，共同进步。

2. 有的年组实行"同课异构"，一组五个教师都讲同一课不同内容，导学案相同，但细节设计不同，同课异构，各有千秋。听课教师和出课教师互相学习，受益匪浅。

3. 学生设计导学案。学生可以模仿老师出的导学案，自行设计自读课的导学案，充分调动学生的学习自主性。他们的导学案简单明了，重点突出。教师可以从中选择优秀的进行课堂实践和点评，用投影仪投在大屏幕上一目了然。学生的动脑动手能力得到了提高，学习积极性和参与性也越来越高。

4. 学生设计思维导图大赛。学完一课或一个单元，学生可以进行知识网络图的构建，他们想象丰富，心灵手巧，设计出的知识网络图和思维导图非常新颖别致，清晰自然。通过班级初选，把优秀的交到年组，然后由教师集体评选，把最优秀的张贴到学校的展示板上，供全校同学欣赏和借鉴。

5. 对年轻教师的培养。教研组的年轻教师很多，他们年轻且富有活力，工作热情也很高，虚心好学，勤勉刻苦，深受老教师的喜欢。教研组用结对拜师的方式，给每个年轻教师找相应的师傅，让他们学习老教师的教学方法和经验，帮助他们更快地成长和进步。通过长时间大量地听课和学习，年轻教师进步很快。老教师也会在他们的课堂听课并给以课后指点，帮助他们更好地完善课堂流程。经常举行青年教师观摩课活动，让青年教师把精心准备的课在全组教师面前展示，那不仅是一个人辛勤备课的成果，而且是一个组共同努力的结晶。每一个青年教师都很优秀，都在不同的课中展示出自己不同的风采，他们的"四案一构"教学模式运用得都很熟练，这和老教师的耐心指点是分不开的，和同组教师认真研讨是分不开的。活动后校长主任会带着大家用一节课的时间进行细致的点评和分析，每个同志都认真发言，指出优点，并委婉地指出不足和提出建议，让青年教师有了更多的自信和动力。

6. 培优卷的编辑。为了让优秀的学生能得到更好的能力提升，各组语文教师以周测培优卷形式，对年组前 50 名的学生进行专项培优。针对中考题型和难度，从初一开始就对这些优等学生进行培优训练。组长给教师分工明确，制定不同内容的专项训练，从字词到语法，从初一到初四，提前一天发放，学生完成后老师收回进行批改，利用自习和课间进行讲评，提高了优等生的学习效率。培优卷出题完毕，必须由备课组长进行检查和审核，合格后才能交给主任检查，检查合格后进行印发，同时将电子版交教务处存档。

教研活动既陈且新，教研组开展活动简单，可是开展好却不易。好的教研组活动可以使教师取人之长补己之短，对教学大有裨益。我校对教师的要求不仅是让其做优秀教书人，而且期待他们能成为学术型的教育者。因此，教研组活动对每个教师的意义不言而喻。我校多年来致力于开展好教研组活动，使其成为教师不断成长的跳板，虽取得了一定的成效，但任重道远，必将继续求索。

建构小组合作，激发高效班级

根据我校遵循的"组内异质，组间同质"的小组建设原则，通过科学分组、合理搭配、制定小组管理制度、重点培养好组长、考核奖罚分明、定期开反思总结大会等方法对班级小组进行建设和管理，形成互助合作的学习气氛，激发各小组竞争合作意识。

一、小组组建

高效课堂以小组为学习单位，小组内的每名学生都能参与其中，发挥自己的作用和能力，贡献自己的智慧。每个班级创建若干个合适的学习小组是搞好班级建设的重要保证，只有把学生统一起来，让他们形成自己互帮互助的"小家"，班级这个"大家"才能自然而然地建设好。创建小组时，要遵循"组内异质，组间同质"的原则。"组内异质"即每个小组组员学习水平不等，合理搭配；"组间同质"即全班每个小组成绩均衡，可以展开公平竞争。

我校各班一般以6人为一组，班级内每个小组是集学习、生活、纪律、卫生于一体，相互竞争又相互帮助，共同创造优秀班级的集体。这就要求老师分组之前要对学生进行全面的了解，可以采取填写调查问卷、填写信息表、开分组交流会等形式，然后根据班级实际情况进行分组。例如：如果一个班级共有59名学生，女生27人，男生32人，分成10组，其中九个组为6人，一个组为

5人。小组组建时首先要考虑的就是小组成员的成绩，即学习能力，以每学期期中、期末考试成绩为分组标准，1~10名为A1，11~20名为A2，21~30名为B1，31~40名为B2，41~50名为C1，51~59名为C2。再按"蛇"形排列分组，各个组员间优化组合，分别有两个优等生A1、A2，两个中等生B1、B2，两个后进生C1、C2。为了方便课上讨论，班主任要合理分配座位，每组按照2×3或3×2的座位坐，按照性格、身高、性别等因素，尽量给每组平均分配不同特点和水平的学生，这样组和组之间水平相当，公平竞争。班主任可以根据他们各方面的特点进行同一层次的学生组间微调。以成绩为依托组建小组，每个小组均衡搭配，水平相当，每位组员在学习能力、兴趣爱好、性格特点等方面存在合理的差异，保证了小组内部学习成绩层次分明、性格行为包容促进；各小组间综合水平旗鼓相当，管理建设百花齐放。

二、班干部及组长的选拔与培养

首先，要选好班级的班长和团支书，要选拔态度积极、率先垂范、学习能力相对来说比较强、乐于助人的学生。班长要确保科代表把各科老师分配的任务传递给各组，并且督促、监督各组完成任务。团支书需要把各组的任务完成情况统计出来，并把结果交给各科老师。其次，成立班委会。班委会由班干和组长构成，班长要督促管理班级的各方面工作。最后，选定组长。每组的组长和副组长由A层学生担任。在日常学习生活中，组长管理本组数、语、外三大主科，副组长管理本组政、史、地、生四科。

小组长和副组长组织学习秩序，营造积极向上、奋发图强的学习氛围。科小组长负责收发作业，每人一科并登记好课堂评价，协助组长分层展示本节课内容。

组长是小组的领导者、榜样、灵魂。因此，班主任在班级的小组组建中必须要重点培养好组长，这与小组建设的成败紧密相连。在选任组长时，在遵循成绩优先的原则上还要考虑其自愿原则。班主任还要在私下认真考察，分配给组长任务，看其是否能按时、准确地完成。要定时给组长们开会，私下找组长谈话，让他们知道自己被重用，要担当起责任。每个组长在组内作为领导者，要起到榜样的作用。班主任要适时给予他们精神鼓励和物质奖励，让他们有信心、有耐心、有恒心，让他们知道这对于他们来说是一次绝佳的锻炼机会。一个好的组长，不仅要成绩优秀，还要能力和素质强，有较高的责任心，愿意为大家服务，使小组内具有稳定的向心力和凝聚力。

谁都不是与生俱来能当好组长的，关键在学生自己的努力和班主任的培养。一方面，组长要有责任感，乐于助人，自律性强，能明确自己的责任和每天的任务，用自己的一言一行带动组员，与组员形成互帮互助的关系。本校的特色是高效课堂，组长引领组员一起在课堂上探究导学案的探究部分，研究问题，确保小组实现高效学习。另一方面，班主任要定期召开组长会议，总结小组存在的问题并提出改进措施，并针对组长在一段时间内的学习、思想等方面的困难给予解决，出现问题及时处理。根据组长的特点，班主任要适当地给予表扬、肯定和鼓励，让他们有信心，体会到成就感，激励其更加为小组尽心尽力地工作。比如，小组中不善言辞、自卑内向的 B2 同学，其衣物干净、备品摆放整洁，组长劝说并任命 B2 同学为小组卫生负责人。B2 同学也在管理和帮助其他小组成员的过程中性格逐渐开朗并与小组成员建立了深厚的友谊。教师对组长和 B2 同学给予口头表扬和物质奖励，争取让每一位小组成员的自身价值都得到有效实现。

在增强凝聚力方面，组员可以为本组设计小组名称、活动口号、组徽、组歌、组规等，以增强小组的团队意识，达到组内成员互相监督，组长及时提醒，全组为了共同的目标一起努力。每个小组可以根据小组各成员的风格特长，分别设小组长、常务小组长、副组长、科小组长，公平合理竞争，使每个组员都有事做，并辅助小组长工作。

三、小组长及组员评价制度

小组考核评价制度的确立可以提高各个小组的竞争意识。小组评价可以给予奖品，输了的给赢了的买，也可以劳动替换，还可以采取晋级的方式，奖励也各不相同，从而激发学生的内动力，增强小组合作学习能力。特制定以下评价标准：

（一）学习方面

1. 小组的课堂表现

小组成员互相监督、相互制约，每个小组都要做到互帮互助、共同进步，不让任何一个成员掉队。为了创造高效课堂，导学案中探究案要由小组长带头探究，和成员一起完成，实现学习目标。经过讨论回答问题的小组加 2 分。课堂讨论应认真、激烈、团结，小组成员各抒己见，讨论后形成清晰的思维导图。给全班同学讲解时语言流畅，板书工整，逻辑思维清晰，并能提出更深奥的问题供其他学生讨论。当其他学生发表观点时能积极进行补充，并给予适当加分。以语文古诗的背诵为例，以个人为单位提问时，能完整背诵下来的同学占很少一部分。累计三次提问后，发现成绩好的同学（即 A 层）都能完整背诵，成绩中等的同学（即 B 层）平均能完整背诵两次，成绩靠后的同学（即 C 层）平均完整背诵 0.8 次。这样滞后的学习效率，为老师后续的教学增添了难度。当以小组为单位时，A 层同学背诵快且对知识掌握扎实，完成背诵后可以对 C 层同学进行辅导，B 层两位同学相互监督背诵，最终实现小组全员高效完成教师布置的背诵任务。不仅在课后作业的完成上小组合作发挥了巨大优势，在课堂互动环节，小组合作更是活跃了课堂气氛、调动了成员的积极性。再如，语文课上文言文的翻译。个人为单位时，提问 C 层同学常常是翻译的内容存在大量错误，甚至是站起来不说话。因为对于 C 层同学来说，他们经常失败、成绩上不被认可，心理上自卑甚至厌学，个人分数是不被他们所重视的。当以小组为单位时，翻译的过程都能参与其中。A 层同学向 B 层 C 层传授学习方法，C 层同学的答案经过 A 层 B 层同学补充后变得完整。再次提问时学生争先恐后地展示，特别是 C 层同学的积极性明显提高。

2. 作业的完成情况

每天放学班主任和课代表把当天的作业发到家长群中，全班同学要按时并且保质保量地完成各科作业。第二天组长检查组员主科作业，副组长检查组员副科作业，组长和副组长互相检查作业。小组全部完成则该组加 2 分，小组成员一科作业没完成减 5 分，完成不全的减 3 分，累计计分。

3. 平时的小考和大考成绩

每天午休时都会有小考，以 100 分为满分，85 分以上加 3 分，70~84 分加 2 分，60~69 分加 1 分，50~59 分减 1 分，30~49 分减 2 分，30 分以下减 3 分。每周以小组为单位计算小组各科的平均分、优秀率和及格率。每周评比出班级前三名的小组，并分别给予6分、4分、2分的奖励。进步较大的同学可以按层次适当加分，退步的同学也要扣分。

（二）班级秩序

班级管理采用量化管理的办法，实行奖惩原则。每位同学都有100分的底分，根据自己在学校的表现和量化管理班规来进行加分或减分，每周统计一次，并且进行奖惩。不仅能规范学生行为，营造良好的学习生活环境，还能形成团结友善、奋发进取的班风。

量化管理计分不仅要记录到每一个学生的记录本上，还要算进每组的得分里。学生努力为班级赢得荣誉，团结同学、互帮互助，积极为学校、班级服务，都要给予适当加分。在家庭和社会赢得表扬的同学，也应当给予加分。

四、小组反思总结大会

每周定期召开小组反思总结大会有利于提高学生基本素质和学习能力，对实现新课标所说的培养学生的合作精神有积极作用，对建设高效课堂有重要意义。学生能够主动参与到集体中来，为小组建言献策，有利于自我反思和评价，有利于促进同学之间的信息交流和共同提高。

（一）小组反思总结大会的内容

在开反思总结大会的过程中，小组长填写"小组问题反思记录本"，大致包括记录人、班级、具体日期、小组名、存在问题、解决措施、效果反馈等。作业和课堂表现等要及时登记，小组长及时考评。

1. 存在问题

小组长每周统计每一个组员的学习效果并督促成绩不好的同学抓紧学习。小组每周开一个总结会，总结本组成员的问题，并制定下周的小组目标。例如：小组分工不明确，小组学习意识不强，组内表现不佳，组长团队意识不佳。×××的字迹不好，但是成绩有提升。××成绩不好，但是上课爱发言。×××综合性强，但应该加强字迹书写。××作业有时乱，有时交有时不交，交的作业完成得较好。

2. 解决措施

小组每位成员建言献策，大家共同想办法解决，找到办法，记录解决的措施。例如：组内设置副组长、科组长等分担任务，组员互相监督，字迹不工整的需要买本字帖每天练习，对于作业完成不好的，需要小组长对其多督促，每天记好作业单再放学等。

3. 效果反馈

班主任关注各小组解决的真正效果，给予帮助、建议和评价。例如：小组存在问题分析细致，要把解决措施落到实处，组长要从自身做起严格要求自己，对有些组员的作业不合格问题有待进一步提高等。以第一小组 A2 学生为例，他是一名学习成绩优异、思维敏捷、性格开朗的男孩子，每一位老师都非常喜欢他。但是在课堂提问的过程中发现其他学生并不认可他，通过查看反思记录本得知，他在与同学的交流中常常说脏话。后续通过教师的批评教育、组长的监督指正和学生的自我反思，第一小组 A2 学生改正了缺点，赢得了欢迎，无形之间也增加了班级凝聚力。

（二）小组反思总结大会的意义

每周召开小组反思总结大会有利于各小组总结并发现问题，

反思不足，提出解决措施和改进意见，促进全班同学间的情感交流和信息获取，从而实现全班共同进步的目标。每周进行及时的小组总结和评价，一方面，小组长总结其所在小组学习方面的情况，把本小组每位成员的表现总结并汇报。小组讨论后把发现的问题和解决的措施整理好与班级其他同学进行交流，其他同学可以提出建议。无论哪组发言，全班同学都可以参与其中。俗话说得好，"当局者迷，旁观者清。"每个学生都能既自己反思，又能听取别人的合理化建议，这样可以充分锻炼学生的思维能力和表达能力。另一方面，组员对组内是否有徇私舞弊现象、是否团结协作、行为举止是否文明等方面进行总结，让每个组员清楚明白自己在班级的表现。特别要关注学困生是否积极参与小组活动。课堂上要组织好小组课堂评价，周末还要对小组情况精心总结，把小组成员的优缺点和下周主抓工作及时向全班同学汇报。最初都是紧张地拿着自己的发言稿去念，后来就基本是上台就能总结，语言委婉并有的放矢。经过一周一周的推进，学生们都有了大幅度的提高，不仅仅是成绩，还有班集体的荣誉感和凝聚力，任课老师都赞叹不已。

最后，评比出各方面开展得最好的优秀小组和表现优秀的学生，并给予奖励，从而提高学生的积极性，培养其团队精神。班主任要把有用的管理方法应用于实践，努力探索小组建设的多样性和理论应用于实践的有效性。

总之，在班级管理中，以"组内异质，组间同质"为原则的小组建设，不但能使"组间同质"的各小组基于平等的学习水平开展公平竞争，学生能在不同小组和自己相同层次的同学之间展开较量，培养学生积极进取的态度，还能激发优等生的创新意识和探究精神，使后进生树立起信心，努力为自己所在组做贡献，提高了组员的小组认同。为了达成共同的学习目标，小组各成员分工明确，团结协作，积极地进行自我完善，为小组的发展贡献自己的力量。

青年教师的培养

　　青年教师的成长在一定程度上影响着学校将来的发展方向和发展前景，所以师资队伍的整体素质和业务水平至关重要。学校不仅要关心青年教师的工作，而且要关心青年教师的生活，调动青年教师的积极性，释放青年教师的活力，激发青年教师的潜能，使青年教师始终成为学校各种教育教学活动中最前进、最活跃的群体。

一、培养措施

　　（一）加强领导。成立了青年教师培养领导小组，认真制订工作计划，做到培养有中心、有重点，将有关目标任务具体落实到各项工作中去，根据学校实际，运用多种方法，切实提高青年教师的整体素质。

　　（二）认真组织实施培训措施，制订各学科培训计划，落实教师培训内容、时间和地点，组织协调培训工作。通过开展新教师入职培训、跟岗培训等适应性培训，让青年教师尽快了解教育教学工作要求，更好地胜任工作岗位。建立后备人才库，做好青年后备干部挂职锻炼和培养使用工作，让青年教师在教育管理一线"唱主角""挑大梁"。

　　政教处每周定期组织班主任培训工作，围绕抓养成教育、学习习惯、卫生习惯等方面分享关于班级常规管理的宝贵经验；开展了关于班级小组建设的具体方法及措施，对建设小组凝聚力、小组内的组织分配、组内的成员分配等方面进行了细致的方法指导；围绕关于如何和家长进行沟通，如何处理教师、学生、家长之间的关系分享了多年的工作经验并为青年班主任提供了诸多宝贵经验；老师们分享了关于如何开展一堂有意义的班会课，围绕班会主题的制定、班会的前期准备、班会环节的布置、班会目标的达成等方面为青年班主任指明道路、明确方向。还有的老师分享了如何亲近学生、建构良好的班级氛围以及日常工作的方式方法，将多年的班主任经验分享给青年教师；还有的老师分享了班级干部的重要性及选拔班级干部的方法及注意事项，结合班级实际分享构建班委会的经验；有的老师结合自身的经验，针对不同年级的不同特点，提出阶段性的措施建议。

通过培训让青年教师在工作上更有抓手。青年教师表示感谢学校组织以老带新、为新班主任进行一次次的培训工作。老前辈把近半生职业生涯的经验总结毫无保留地传授给新入职的青年教师，这让我们备受感动和鼓舞。与此同时，也让青年教师感觉到工作环境的温馨和强烈的归属感，为今后的班主任工作树立了灯塔，为正在迷茫的年轻教师拨开迷雾，指明道路。教师职业任重而道远，一路钻研、一路成长、一路蜕变，青年教师要时刻向着高标准看齐，在自己成长的同时也让班集体一起成长。

（三）着重集体备课和业务学习。通过此方式让新教师快速熟练掌握我校"四案一构"的授课模式。用自主合作探究的小组课堂模式，发挥教师在课堂上的主导作用，以问题为主线引导学生独立自主学习，将课堂归还给学生，调动学生在课堂上的积极性，更好地发挥学生的主体作用。

（四）加强青年教师专业教学的基本技能训练。组织青年教师观摩名师的优秀教学实例，记录学习经验。要求青年教师每周至少听三节课。我们鼓励他们听各个年级的课，从每个学科中汲取好的经验，并利用每个学科的优势。

（五）完善师徒结对子制度，给每名青年教师确定一名指导教师，对青年教师的整个成长过程进行把关指导。青年教师从象牙塔走上三尺讲台，工作的头几年对其职业发展至关重要，决定着青年教师的未来发展方向。我们扎实开展"青蓝工程"，做好青年教师结对帮扶工作，为每一个青年教师找"师傅"，缩短青年教师的成长周期，让他们迅速向"合格教师""骨干教师""卓越教师"华丽转身。

为充分发挥骨干教师的传帮带作用，促进年轻教师在较短的时间内适应教育教学岗位的基本要求，实现师德、教学艺术和教育管理能力的同步提高，做一名合格的中学教师，进而为争取成为好教师、名教师创造条件，我校一直在开展以新老教师结对为主的"青蓝工程"。

在启动仪式上，对青年教师提出明确的要求，希望新教师做到：在思想上爱教育，爱学生；用心工作，抓紧学会"四案一构"课堂模式，杜绝一言堂；尽快成长，缩短成长期，尽快过渡到成熟期。同时，也希望指导教师能用开放包容的态度对待新教师，能在工作作风和态度上做引领和表率，营造和谐向上的氛围。

对青年教师的工作要求，必须做到"四个一"：每天都听课，每周一个教学反思，每月一本字帖，每学期读一本教学理论著作，必须要有摘抄和心得体会。教务处会采用定期听课指导、按时检查听课记录、青年教师赛课、教研组听评课等形式检查青年教师的成长进步情况。

冰水为之而寒于水，青出于蓝而胜于蓝。学校举办这个活动就是希望老带新，传帮带，形成一个相互学习、共同进步的工作环境，为我校的教育事业贡献更多的名师高徒。希望结对的师傅能够"不忘初心，牢记使命"，从生活和工作两方面对徒弟进行帮扶和指导，而徒弟们也要虚心向学，从前辈和优秀教师的经验里汲取营养，早日形成自己的教学风格和管理特色，尽快成为我校的中流砥柱。

（六）跟随听课并提高新老师的课堂教学技能。各级领导和学科带头人每周都一起到青年教师课堂上听课，并在课后指出优缺点，让新教师看到希望，体验成功的幸福。不仅要重视青年教师的理论教学，而且要了解青年教师的实验教学效果。导师们以求真务实的科学态度影响和指导青年教师，新老教师互相帮助，相互促进。

（七）每学期开展青年教师展示课活动，邀请相关学科的教研科室一起听评课，给予青年教师展示的平台，提出宝贵意见及改进措施，帮助青年教师快速成长，为青年教师提供一个实践教学的舞台。

为进一步增强教师的专业素养，提高教师的课堂执教水平，树立其职业自信心，帮助青年教师快速成长，我校每学期都策划并开展了新任青年教师展示课活动。

为确保展示课活动收到实效，达到预期目的，学校制订展示课活动方案，召开专题会议，对教师的授课、听课、评课等各个环节都做了精心部署。在活动中，青年教师精心备课，注重"四案一构"课堂模式构建、教学情境的创设和课堂探究活动的设计，教学思路清晰，多媒体运用娴熟，展示了一定的教学水平，取得了良好的教学效果。

青年教师汇报课展示活动是他们展示自我风采的平台，通过这种活动不仅让青年教师对以后更好地开展课堂教学有了更加深刻的理解，也为个人的专业成长指明了方向。青年教师纷纷表示，他们在我校这个集体中感受到了来自领导和同事们亲人般的温暖，会继续发扬勇于担当、努力拼搏的精神，保持积极探究、勤奋学习的传统，总结经验，逐步提高驾驭课堂的能力，尽快成长为学校教学第一线的骨干力量。虽然展示课是以青年教师本人为展示对象，但其背后却凝聚着教研组的力量与老教师的心血。听课过程中老教师都能积极参加，详细记录，课后与青年教师一起评课，为青年教师提供了许多中肯而又恰当的建议。我们作为领导，要求青年教师应以虚心好学的态度，认真务实地做好自己的本职工作。青年教师应及时反思，发现问题，发现不足，努力提升自己的教育教学水平。对于"四案一构"课堂模式要不断探索，不断学习，不断总结，不断反思，使其更加完善。希望能把我校老教师对待工作的拼搏精神和敬业态度再一次深植青年人心田。老教师必须将对青年人的精神引领放在首位，帮助青年人学会做人、做事、做师。这些活动是青年教师更好发展的必经之路，希望通过这些活动，加深新教师与其师傅和同教研组教师的感情，同时也能促进新教师更好地成长。期望各位青年教师在三年内形成具有个人特色的教育风格，成长为更加优秀的、能独当一面的成熟的教师。也期望所有教师不时停下脚步，赏一赏教育路上的美好风景，嗅一嗅教育路上的芬芳花香，在工作中学习，在学习中进步。

（八）培训青年教师撰写论文和专题。聘请多位在论文写作方面具有专长的著名老师，指导年轻的老师学习写作技能。学校每学期会选择优秀的论文推荐给国家、省、市和县的出版物。

（九）开展总结交流活动。每学期分别召开一次学生座谈会、青年教师座谈会和指导教师、行政领导研讨会。就青年教师培训课题交换意见，总结经验，进一步完善措施。

二、落实培养过程

（1）学年教学基本功过关。入门期教师所需的基本教学技能包括："一个话""两个笔画""两个技能""三种方法"和"五个会"。"一个话"，意思是坚持使用普通话；"两个笔画"，指可以书写标准的钢笔字符和粉笔字符；"两个技能"，即掌握标准板技术，熟练应用信息技术进行教学；"三种方法"，是指精通教学方法，熟悉学习方法的指导，是指教育研究和教学改革的基本方法；"五个会"，即会备课、会说课、会上课、会听课、会评课。上述教学基本功用平时分散考核与定期集中考核相结合的办法，对青年教师进行逐项考核，分项记分，人人过关。

青年教师肩负着文化传承的历史重任，应苦练教学基本功，练就一手漂亮、规范的字，给学生以良好的引导和示范；做能力强、水平高、技艺精湛的好教师。学校对教师基本功常抓不懈，因为只有基本功过硬，才能取得更好的教学成绩。

（2）完成学期基本培养任务。

A. 经验积累：每周听课不少于 2 课时。

B. 反思提高：每个月完成教学反思、随笔、案例三项中的任意一项。

C.撰写论文：学期末至少撰写课题研究论文或相关教学论文。

D.班级实践：担任一学年的见习班主任工作。

E.学科知识：学年内做完一本完整的中考习题集，一周一套真题。

青年教师培训是一项长期的工作，是一项"朝阳"工程。学校将努力营造一种"宽松，积极，强大"的教育教学研究氛围，并根据其专业知识和技能，为他们提供参加各种类型的教育教学活动、展览和竞赛的机会。针对每个年轻老师的教学特点，培养不同的课堂风格，有针对性地进行改进与评价，使年轻教师在锻炼中逐步成长。

不积跬步，无以至千里；不积小流，无以成江海。冰冻三尺，以非一日之寒。青年教师的成长道路更是任重而道远。我校一直以老带新、互帮互助、砥砺奋进的思想为引导，切实地关心青年教师的工作与生活，用爱的温度让他们感受到我校大家庭的团结和幸福。